香港
管理之道

THE HONGKONG WAY：
AN URBAN GOVERNANCE REVIEW

纪念香港回归二十周年

杨勇◎主编

人民出版社

本书编辑委员会名单

主　编　杨　勇
副主编　许俐丽　刀书林　张春生　许上福
编　辑　黎知明　马海涛　高　峰　左　娅　周马丽
　　　　　殷　楠　王　昊

出版说明

　　今年是香港回归祖国 20 周年。香港回归是中华民族伟大复兴进程中的重大事件，是"一国两制"的首次成功实践。回归二十年来，香港在新的历史阶段，把握"一国两制"的巨大优势，凭借《基本法》的坚强保障，获得了持续繁荣稳定，创造了新的发展奇迹。

　　香港是排名世界前列的国际化大都市，在城市发展历程中，成功治理了一系列衍生问题，积累了丰富的大都市建设和管理经验，其城市管理、公共服务、文化生活等水平皆为世界一流。因此本书在香港回归二十年之际，介绍香港在城市管理、经济发展等方面的成功管理之道，也是必要的。

　　《紫荆》杂志社邀请香港特区政府部分负责人以及相关机构的专家介绍香港城市建设及管理的做法和经验编辑成书，不仅彰显了香港回归二十年来的发展成就，而且也可以作为内地各部门相互学习和借鉴的样本。

　　需要强调的是，本书涉及作者及提到的人物，均系原文发表时的身份及职务，特此说明。

人民出版社

2017 年 10 月 6 日

"一国两制"的生动实践

2017 年，香港迎来回归祖国 20 周年。香港回归是中华民族伟大复兴进程中的重大事件，是"一国两制"的首次成功实践。回归 20 年来，香港在新的历史阶段，把握"一国两制"的巨大优势，凭借《基本法》的坚强保障，获得了持续繁荣稳定，创造了新的发展奇迹，始终走在成功的大道上。

回归祖国后香港再创辉煌

提到香港，很多人都会用"弹丸之地"来形容。的确，香港的总面积只有 1105.7 平方公里，已发展土地少于 25%，700 多万的人口不及内地某些二线城市。然而，就是这片小小的土地，却孕育出大大的成果，特别是回归以来，这些成果又不断得以扩大，赢得举世瞩目。

回归后，香港的民主政治依法稳步推进。香港回归前，英国委派总督在香港实行了一百五十多年的殖民统治。回归后，香港特别行政区政府和立法机关由当地人组成。香港《基本法》明确规定行政长官和立法会全部议员最终由普选产生，使之成为法定目标。香港特别行政区成立以来，中央政府和香港特别行政区政府坚定不移地按照香港《基本法》和全国人大常委会有关决定的规定，推动以行政长官产生办法和立法会产生办法为主要内容的民主政治循序渐进向前发展，行政长官选举的民主程度不断提高，立法会选举的直选因素不断增加，并设定普选时间表和路线图。虽然普选进程由于反对派的阻挠而遭遇一些波折，但中央不改初心，香港的民主政治一定会依法不断向前推进。

回归后，香港的经济保持平稳发展。香港的整体经济保持增长，经济规模在过去 20 年间增长几近一倍，1997 年至 2016 年香港本地生产总值年均实质增长 3.2%，持续高于大部分高收入的经济体。香港的国际金融、贸易、航运中心地位得以保持和提升，是亚太区重要的银行和金融中心。自中央政府在 2009 年 7 月推出跨境贸易人民币结算试点计划以来，香港又发展成为首要的人民币离岸业务中心。以货柜吞吐量计算，香港的港口是全球最繁忙的货柜港之一，以国际乘客量和国际空运货物处理量计算，香港的机场亦是世界最繁忙的机场之一。香港作为国际商业枢纽，不仅营商环境良好、法治健全，而且贸易制度自由、竞争环境公平，是全球公认最自由的经济体之一。

回归后，香港的民生事业迈向新台阶。香港的医疗卫生事业不断进步，2016 年香港男性与女性的预期寿命分别为 81.3 岁及 87.3 岁，是全球预期寿命最长的地方之一。社会保障逐步完善，香港已形成多层次、多元化的社会保障和福利服务体系。香港特区政府还积极推动公共房屋建设，约有一半市民居住在政府提供或资助的房屋，其中超过 200 万人租住公共房屋，100 多万人居住在政府资助的自置房屋。扶贫安老成效渐显，截至 2016 年年底，领取失业综援的个案连续 88 个月下跌，比高峰期下降约 7 成，是近 20 年来的新低。政府提供"长者生活津贴"，惠及超过 44 万名长者，约占整体长者人口的 37%，未来将进一步优化"长者生活津贴"，届时将覆盖 47% 的长者人口。

回归后，香港的文化体育事业蓬勃发展。香港特区政府鼓励文化艺术多元发展，促进相互交流。香港已有粤剧、凉茶、潮人盂兰胜会、大坑舞火龙、大澳端午龙舟游涌、长洲太平清醮等 10 个项目被列入国家级非物质文化遗产名录。香港 2008 年协办北京奥运会马术比赛项目，2009 年主办第五届东亚运动会。帆板、乒乓球、自行车、武术等项目的运动员在奥运会、世锦赛、亚锦赛等国际赛场上屡创佳绩。

"一国"优势：国家是香港发展的强大"靠山"

香港保持繁荣稳定，取得了举世瞩目的成就。而这些成就的取得，首先是因为香港具有"一国"的优势，即香港发展的最大优势就是有中国内地作为"靠山"。回顾历史，香港由一个小渔村，发展成为国际的大都市，她的每一次腾飞，中国内地都发挥了重要作用。

香港第一次腾飞始于 20 世纪 50 年代。新中国刚刚成立不久，朝鲜战争爆发，以美国为首的西方国家对新中国实行禁运和封锁，依托内地大量流入的廉价劳动力、资金和技术，香港才在 50 年代到 70 年代近 20 年的时间里，实现了从以转口贸易为主向以工业化为主的第一次转型，实现了经济的"腾飞"，成为"亚洲四小龙"之一。

香港第二次腾飞始于 20 世纪 70 年代末。当时，内地刚刚结束"文革"，实行改革开放新国策。这一时期的香港经济，受到 70 年代国际石油危机的冲击，已陷入萧条，内地的改革开放再一次给她带来新的机遇。内地廉价的土地、充裕的劳动力、优惠的税收政策，吸引大批港商将制造业转移到内地。香港制造业北上迁移，既提升了香港产品在国际市场的竞争力，又为服务业发展腾出了空间。此后，服务业占香港 GDP 的比重逐年提升，促成了香港经济从以制造业为主向以服务业为主的第二次转型，实现了经济的再一次"腾飞"。

回归祖国则带给了香港第三次腾飞的机遇。回归后，中央对香港的发展提供了更直接、更有力、更广泛的支持，香港与内地的关系也更紧密、更深入、更坚实。中国内地成为香港发展的强大"靠山"，主要体现在：

一是中央政府对香港发展全力支持。回归以来，中央政府应特区政府和香港社会的要求，先后出台了一系列有针对性的政策措施，全力支持香港的发展。特别是在推进两地经济合作与交流方面，1998 年广东省和香港特区政府建立了"粤港合作联席会议"机制；2003 年以来，中央有关部门与特区政府签署了 CEPA 及 10 个补充协议，多项举措为香港经济发展注入新的活力；2010 年广东省与香港特区签署《粤港合作框架协议》；2011 年 3 月，国家"十二五"规划纲要首次将港澳单独成章，进一步明确了香港在国家发展中的战略定位。党的十八大以来，中央惠港政策更是有增无减，2014 年"沪港通"、2016 年"深港通"的开通，让香港更加便利地分享改革发展的红利；2017 年"粤港澳大湾区"建设的提出，给香港发展开拓出新的空间。

二是内地经济的快速发展为香港发展提供了广阔的腹地。香港作为世界金融中心，中国内地发挥了重要作用。正是因为内地企业在香港的业务、运营、资金的支撑，香港的国际金融中心地位在新的国际金融格局中得以巩固和升级。中国内地是香港转运货物最大的来源地和目的地，香港国际货运中心地位的形成同样与紧邻内地广阔的经济腹地息息相关。对此，新加坡资政李光耀曾表示，很羡慕香港紧靠中国内地的地理位置，笑称时刻都想新加坡和香港地区调换位置。不仅如此，内地的快速发展还给香港提供了巨大的投资机遇。据统计，截至 2016 年 12 月底，按实际使用外资统计，港资占内地累计吸收外资总额的 51.7%。这既体现了港资对内地发展的支持，也体现了内地的快速发展给香港带来的巨大投资空间。

三是内地与世界经济联系的日益密切，使香港在内地与世界之间的桥梁作用更加重要。2013 年开始提出的"一带一路"倡议不断推进，令香港"超级联系人"的角色和地位更加突出。人民币国际化进程中，香港充分发挥桥梁作用，发展成为重要的人民币离岸中心。而在内地企业"走出去"的进程中，香港又是内地对外直接投资的主要目的地，接收超过内地一半的对外投资量，除了香港的本地市场可提供投资机会外，香港的商贸平台更是内地企业往海外其他地区进行投资的跳板。内地企业"走出去"的同时，也需要通过香港把外资"引进来"，这都为香港发展带来巨大的机遇。

中国内地作为强大"靠山"，使得香港在回归后经受住了 1997 年亚洲金融危机、2003 年"非典"疫情、2008 年国际金融危机的巨大冲击，面对世界经济动荡局面，保持了经济的平稳发展。当前，香港的经济发展正处于新的转型起步阶段，如何抓住中国内地所提供的机遇，实现持续强劲的第三次腾飞，是香港面临的重要课题。

"两制"优势：《基本法》保障香港继续发挥自身独特性

在拥有"一国"优势的同时，香港成就的取得同样有赖于"两制"优势，即香港自身所具有的独特优势。这些独特优势在香港回归后受《基本法》保护得以保存，并在实践中不断发扬，同时也给中国内地的发展带来经验借鉴。

第一，香港的独特优势体现在营商环境上。

香港的经济素以自由贸易、低税率和最少政府干预见称。香港特区政府一直坚持维持低税率的政策，以鼓励贸易和生产。特区政府一直担当积极促进者的角色，提供便利的营商环境，令所有企业可以在公平环境下竞争。政府也建立良好的规管制度，确保自由市场的完整性及畅顺运作，同时也致力消除企业进入新市场或新兴产业的障碍，并以公开公平方式提供支持。此外，廉政公署的有效运作，使香港成为廉洁之都，为公平贸易提供一个良好的空间，成功吸引大量外资投入香港。正由于营商环境良好、贸易制度自由、竞争环境公平等优势，在世界银行对全球 185 个经济体营商环境的排名中，香港多年位居前列，并连续多年被传统基金会和菲沙研究所评为世界上经济自由度最高的地方。

第二，香港的独特优势体现在国际化上。

香港有长期从事国际贸易、国际金融的传统，在会计制度、贸易准则、金融政策等多个方面与国际接轨。依照《基本法》，香港加入了大部分不以国家为会员的重要国际组织，在多领域保持紧密国际合作。大量的赴海外留学生和本地国际化大学教育，也为香港培育了充足的国际人才。以上因素，使得香港在国际金融、商贸、航运、旅游等多个方面处于领先地位。以国际金融为例，香港是亚太区重要的银行和金融中心，与纽约和伦敦连成 24 小时运作不息的全球交易系统，角色举足轻重。香港亦在日趋融合的全球金融体系中享有独特的地位，加上毗邻经济及金融系统蓬勃发展的内地，语言文化也一脉相连，令香港的条件尤其优越。截至 2016 年年底，全港共有 195 家认可机构和 54 个代表办事处。认可机构为国际贸易融资提供的贷款总额和在香港境外使用的其他贷款总额分别为 583 亿美元和 3055 亿美元。据国际结算银行调查显示，2016年，香港是亚洲第二大和全球第四大外汇市场，平均每日成交额达 4370 亿美元。以市值计算，截至 2016 年 12 月，香港是亚洲第四大和全球第八大证券市场。香港交易所共有 1973 家公司上市，其中 260 家公司在创业板挂牌。香港股市总市值达 3.17 万亿美元。

第三，香港的独特优势体现在法治建设上。

"法治"是香港人引以为傲的社会核心价值，是香港社会经历多年发展，孕育出来的优良社会文化和传统。香港回归祖国后，《宪法》、香港《基本法》以及香港本地法律保障香港继续有效落实法治。中央政府严格按照香港《基本法》办事，认真履行宪制责任，坚定支持香港特别行政区行政长官和政府依法施政；香港特别行政区依法实行高度自治，享有行政管理权、立法权、独立的司法权和终审权，继续保持原有的资本主义制度和生活方式不变，法律基本不变，继续保持繁荣稳定，各项事业全面发展。在香港现行法律制度下，特区政府依法施政，保障了市民的权益和自由，保障了香港社会的稳定发展。香港市民遵守法律、笃信法律的观念深入人心，使得香港社会在法律的维护下秩序井然。香港的法治保障与安定局面，令营商人士和投资者对香港的营商环境更有信心。

第四，香港的独特优势体现在城市管理上。

笔者由内地来港工作已有十余年，作为长期生活在这个城市中的居民，对于香港在城市管理上的创新有着切身的感受。当今世界城市化呈现急速发展之势，随之也出现了各式各样的"城市病"，对社会的影响和困扰日益增大。城市治理或"城市病"的"防治"已成为全球性的重大课题。香港是排名世界前列的国际化大都市，在城市发展历程中，成功治理了一系列衍生问题，积累了丰富的大都市建设和管理经验，其城市规划、市政建设、交通管理、公共服务等水平皆为世界一流。在城市建设和管理的理念、制度、手段上，香港注重因地制宜，注重以人为核心的理念，注重规划的硬约束力，注重法制化、精细化，注重发挥多种主体的作用，注重利用先进科技手段，还注重通过宣传教育增强市民的规则意识和良好行为习惯。包括土地集约利用，交通便捷顺畅，500米生活圈应有尽有，公共房屋供应近半，看病不难，亲近自然，市容整洁，台风暴雨应对裕如等等。其中，有些成功经验和做法在世界范围内也是首创和领先的。上述因素，加上市民的文明素质，养成了香港独特的城市气质和内涵，在国家全面深化改革、推进新型城镇化建设和创新城市管理的过程中，香港的城市建设和管理经验也值得内地学习、借鉴。

第五，香港的独特优势体现在社会保障上。

世界上任何一个城市的居民最关注的问题都是相似的，那就是住房和医疗。在此方面，香港亦有自己独特的经验。香港特区政府积极推动公共房屋建设，着重帮助没有能力租住私人楼宇的低收入家庭。香港特区政府已制定逐年延展的建屋计划，确保出租公屋的供应充足，使轮候册一般申请人的平均轮候时间维持在三至四年。此外，香港特区政府推行"居者有其屋"计划，以回应中低收入家庭的置业诉求。香港的医疗卫生事业也不断进步。2017—2018财政年度用于医疗服务的财政预算支出619亿港元，占政府经常开支的17%，香港居民可平等享受价格低廉的公立医院服务。此外，香港特区政府对于失业人士、年长人士等弱势群体各有政策偏重。注册社工从1998年年底的8300名发展到目前的2.1万多名。香港的社会服务深入到社区的方方面面，惠及各个社会阶层，广大香港居民充分享受公平、全面、优质的社会服务，为促进香港的经济繁荣和社会进步发挥了积极作用。

香港的独特优势，在"一国两制"的框架下得以保持，并通过《基本法》的相关规定，获得了法律的坚强保障。事实证明，这些独特优势为香港的繁荣稳定发挥了巨大作用。因此，《紫荆》杂志近年来特开辟"香港经验"专栏，邀请香港特区政府各部门的负责人以及相关机构的专家学者，从各个层面解读香港的独特优势，分享香港回归后保持繁荣稳定的成功之道。回归20周年是一个重要的里程碑，紫荆杂志社特集结相关重要文章，出版成集，以飨读者。从某种意义上讲，这个集子也是"一国两制"与《基本法》的实践篇。他山之石，可以攻玉，这些做法和经验，或可供内地城市在改革开放与发展中加以借鉴。

20岁，正值青春好年华。古代称20岁为加冠之年，要隆而重之行加冠礼，表示已成年。如同20岁的青年一般，回归祖国后的香港，也正充满了朝气，蓬勃地走向新的辉煌。祝愿紫荆花常开，香港的明天更美好！

杨　勇

《紫荆》杂志社社长、总编辑

目　录

引言　香港：国家和世界各地的"超级联系人"

原香港特别行政区行政长官　梁振英 1

第一章　城市管理

"粤港澳大湾区"规划　金融合作是关键

原香港特别行政区政府财经事务及库务局局长　陈家强 9

努力打造香港中医药国际枢纽

原香港特别行政区政府食物及卫生局局长　高永文 16

香港拥有成熟的流行病防疫机制

黎知明 23

新界东北新发展区计划利港利民

原香港特别行政区政府发展局局长　陈茂波 29

香港如何解决城市交通难题

原香港特别行政区政府运输署署长　杨何蓓茵 35

确保机电安全　推广环保节能

原香港特别行政区政府机电工程署署长　陈　帆 40

香港新市镇规划及斜坡防治管理

　　香港特别行政区政府土木工程拓展署署长　钟锦华 48

香港防洪排涝、除污净流有妙招

　　香港特别行政区政府渠务署署长　唐嘉鸿 53

香港推出积极举措发展智慧城市

　　香港特别行政区政府资讯科技总监　杨德斌 61

第二章　经济发展

香港旅游业的持续及健康发展

　　原香港特别行政区政府商务及经济发展局局长　苏锦梁 69

巩固传统产业优势　发掘新兴行业潜力

　　高　峰 77

提供优质高效服务　打造良好营商环境

　　原香港特别行政区政府破产管理署署长　黄小云 81

贸发局三大策略助行业获商机

　　许上福 85

狮子山下的今日"大班"

　　卫　青 91

港富豪持农地开发　潜力不俗

　　珊　珊 96

港"基金理政"为改善民生辟蹊径

　　卢　朗 101

香港顾问业风生水起

　　刘　桓 107

港商内地投资走出传统领域

　　青　萍 112

内地居民为何赴港购买保险

　　妙　鱼 117

第三章　法律制度

"一国"之下"两制"的相处之道

　　清华大学教授、香港基本法澳门基本法研究会会长　王振民 125

经历考验的"一国两制"　将更具生机与活力

　　民建联主席　李慧琼 134

香港法治迎来迟归的春天

　　香港中小型律师行协会创会会长　陈曼琪 138

第四章　公共政策

新移民是劳动市场宝贵的人力资源

　　原香港特别行政区政府劳工及福利局局长　张建宗 145

齐助新来港人士　共建美好新家园

　　全国政协经济委员会副主任、香港新家园协会会长　许荣茂 151

"廉洁之都"　肃贪倡廉薪火相传

　　香港特别行政区政府廉政专员　白韫六 158

香港依法反腐　"清廉指数"亚洲第二

　　萧　遥 165

廉署依然是反贪中坚

　　冯友湘 171

港高官利益申报备受关注

　　秦　楚 177

港府首次划定"贫穷线"

　　秦　楚 183

香港"以房养老"渐获认同

　　蒋　怡 188

香港经验为内地社工发展提供借鉴

　　高　峰 193

第五章　科技创新

香港的创新及科技之路

　　香港特别行政区政府创新及科技局局长　杨伟雄 201

凝聚社会共识　支持创科发展

　　香港科技园董事局主席　罗范椒芬 205

香港科技的优势在于核心研发

　　马一文 210

香港财团的高科技投资之道

　　李　凌 215

香港步入无人机时代

　　徐　福 219

香港青年创业热潮兴起

　　郁　新 223

港三千项目引进　着重技术创新

　君　都 227

第六章　文化生活

回归后的香港文化更加自由多元

　高　峰 233

让文化成为市民生活的一部分

　高　峰 241

中西合璧培育香港独特文化

　黎知明 248

香港文学：身处边缘　但不可或缺

　高　峰 254

香港向国际电视枢纽迈进

　逸　升 261

香港茶餐厅的生存之道

　肖喜学 268

香港：名厨美食之都

　武少民 274

香港有座戏曲中心

　张　力 280

引 言

香港：国家和世界各地的"超级联系人"

原香港特别行政区行政长官　梁振英

　　香港一直是国家最国际化的城市。背靠祖国，面向世界，是香港的特色；"一国"加上"两制"，给了我们双重优势。今天，在多个领域上，香港已经发展成为国家通往全球，以及世界各地通往中国内地的"超级联系人"。

● 梁振英近照

"一国两制"是"超级联系人"的根本

"一国两制",是香港"超级联系人"角色的基础。在"一国两制"下,香港是国家的一部分,跟香港打交道,就是跟中国的一部分打交道;来到香港,也就是来到中国。但香港实行的是与其他中国城市不同的另一种制度,香港的社会制度、经济制度、法律制度和司法制度,以至语言和生活习惯,比较容易和外国接轨;香港同时得益于国家庞大的市场和高速的经济增长。因此,香港自然成为国家与世界各地之间的共同平台和共同管道,有助于世界各地联系内地,也有助于内地"走出去"。

香港作为"超级联系人",不但在商贸、金融、物流等经济领域发挥作用,也在其他领域,包括创新及科技、教育、文化和学术等,发挥无可比拟的双向联系优势,为国家和世界的共同发展,作出独一无二的贡献。

"超级联系人"的各种优势

在金融方面,香港是中国的金融中心,也是国际的中国金融中心。香港是国家金融改革开放的"试验田",促进国家金融市场的建设及资本市场的改革开放,并与国际市场接轨。

2014年11月开通的"沪港通",说明了香港在内地与世界金融市场接轨发挥的作用。"沪港通"是两地股市互联互通的突破,为香港和上海证券业的共同发展提供新的和巨大的动力。"沪港通"自启动以来运作顺畅,而随着国内外投资者对"沪港通"的认识加深,成交额在2015年4月创出新高,合计平均每日成交额约达230亿港元,说明受到国内外投资者欢迎。

贸易方面，在《内地与香港关于建立更紧密经贸关系的安排》（CEPA）下，在香港生产的货品，只需要符合 CEPA 原产地规则，便可零关税输入内地。外国公司在香港成立业务，或与香港公司成为合作伙伴，产品和服务便可享受 CEPA 的优惠待遇。在 CEPA 之下，香港成为世界各地企业打开中国业务的大门。

香港去年接待了超过 4700 万人次内地旅客。现时有接近 7600 间内地和海外公司在香港成立分支机构。企业深明一个道理：产品在香港好卖，在中国内地将会好卖。香港也是国际企业开拓内地市场时的"首席知识官"。外国企业在香港累积的经验、取得的资讯，是进军内地市场的必须基础，因此外商云集香港。

在创新及科技方面，香港的"超级联系人"作用也不缺席。世界上有不少一流大学或科研机构，有兴趣和中国合作，而由于香港享有"一国两制"的双重优势，因此选择落户香港。

瑞典卡罗琳斯卡医学院（Karolinska Institutet），培养了无数医学和生物科学的世界级科学家，更是诺贝尔生理学或医学奖的评审地。2015 年 2 月，卡罗琳斯卡医学院决定，在香港成立卡罗琳斯卡医学院中国／香港中心，作为该学院超过两百年历史中第一次在国外成立的分支机构，推动瑞典和中国在生命科技和再生医疗的前沿研究合作基地。同时，在动物医学研究和教学排名位于世界前列的美国康奈尔大学（Cornell University）也和香港城市大学合作，培育动物医学方面的专才，着眼点也是中国内地。世界知名的美国芝加哥大学布思商学院（Chicago Booth），也于 2014 年 8 月在香港开设分校，凸显了香港在国内外教育枢纽和国际金融中心地位。

各所顶尖院校和科研机构落户香港，在香港与内地合作，说明香港既是中国一部分，也具有与世界各地接轨的"超级联系人"的独特作用。

配合"走出去"战略

香港"超级联系人"的作用并非单向的，也可以配合国家"走出去"的战略。李克强总理在 2015 年的政府工作报告除了提出要更加积极有效利用外资，也要加快实施"走出去"战略，并要注重风险防范、提高海外权益保障能力，让中国企业走得出、走得稳，在国际竞争中发展壮大。

香港就是内地企业"走出去"的理想平台和伙伴。香港在金融、保险、航运、物流、贸易、法律等方面，人才济济，拥有熟悉国际市场、了解行业运作的专业服务人员和内地分享经验，协助内地企业稳步地"走出去"。香港有超过 20 个外国商会，代表了大批的世界各国的大小企业。内地企业来了香港，就可以集中和高效地与各国外商洽谈业务。国家实行"一带一路"策略，并且成立亚洲基础设施投资银行，香港在融资、项目管理、风险管理、基建工程方面的经验，将可大派用场。目前有接近 1400 家内地和海外企业在香港设立地区总部，汇聚全球的知识和经验，可以为内地企业提供所需的资讯、国际联系和专业配套服务。

当中，香港的金融服务发展成熟而多元化，是全球最大的人民币离岸中心，在风险管理和资产配置都有与国际接轨的优良制度和丰富经验。同时，在"一国两制"下，在《宪法》和《基本法》前提下，香港实行普通法制度，可以与奉行相同法制的地区接轨。在内地企业"走出去"的过程中，香港的法律与解决争议的专业人士，有丰富的国际经验和专业水平，可以提供不同领域的法律和解决争议服务，协助解决法律争议，促进企业抓紧对外开放的新机遇。此外，香港有近 800 家律师事务所及 70 家外国律师事务所，当中包括逾半数的全球 50 大律师事务所。内地企业在香港可以找到英美的律师行，亦可找到例如瑞典、日本的律师事务所，协助寻求国际合作和投资机会。

继续深化推广"超级联系人"角色

香港和内地应该充分认识和携手全面发挥"超级联系人"的作用和优势。特区政府会继续扩大这个作用，巩固这个优势，既为香港争取进一步的发展机遇，也为国家作出独特和具时代意义的贡献。

金融方面，我们会继续优化"沪港通"，并期望 2015 年下半年开通"深港通"，进一步促成两地金融市场互联互通。

内地是香港最大的服务出口市场，同时也是香港最大的服务进口来源地。目前，香港服务提供者，可以利用 CEPA，以优惠的条件进军内地市场。自 2015 年 3 月起，香港率先和广东省在 CEPA 下实现服务贸易自由化，有助于港商早着先机开拓广东市场，深化粤港两地服务业合作，提升两地服务业的竞争力，也为 2015 年内地全境基本实现与香港服务贸易自由化的目标树立楷模。

广东自贸试验区在 2015 年 4 月成立，为港人港企提供更多的机遇，为香港发挥"超级联系人"角色创造更大的空间。广东自贸试验区将对外商实行准入前国民待遇加负面清单管理模式，对负面清单之外领域的外商投资项目实行备案制，大大便利了港商在自贸试验区内的投资。今后，他们更可利用广东自贸试验区这个新的平台，发展香港有优势的产业，为国家经济发展作出贡献。广东自贸试验区亦有助于巩固香港"超级联系人"的优势，互惠双赢。

我们会向国内外推介香港的作用。特区政府分别在沪港经贸合作会议、粤港合作联席会议、泛珠三角区域合作与发展论坛等大型会议，以至和内地省市和企业领导会面时，介绍香港"超级联系人"的作用，以及协助内地企业通过香港这个优越平台"走出去"的功能。

2015年4月，本人到访吉隆坡，趁东盟十国领导人召开峰会的机会，出席东南亚国家联盟领袖论坛，并与六个东盟国家领导人进行双边会面。这些国家包括新加坡、马来西亚、泰国、缅甸、老挝、柬埔寨。我在领袖论坛发言及双边会面中，大力推介香港"超级联系人"的角色，并鼓励东盟商界用香港这个平台，优化和中国的双边和双向经贸关系，受到各国领导人和工商界的重视。

5月份，本人出访美国波士顿，除了参观麻省理工学院和哈佛大学，推动科研交流合作外，也分别在午餐会和晚宴上致辞，向美国政商界介绍香港"超级联系人"的重要作用。

展望将来，香港"超级联系人"的作用会越来越明显，贡献会越来越大。特区政府感谢中央政府为香港创造了这个角色，感谢内地省市给予香港的支持和配合。特区政府将和香港各界全力以赴，为国家和香港的共同发展出力。

（原文刊于《紫荆》2015年7月号第297期）

第一章　城市管理

"粤港澳大湾区"规划　金融合作是关键

原香港特别行政区政府财经事务及库务局局长　陈家强

　　国务院总理李克强刚发表的政府工作报告中，提及推动内地与港澳深化合作，更提出要研究制定"粤港澳大湾区"城市群发展规划，发挥港澳独特优势，提升在国家经济发展和对外开放中的地位与功能。"粤港澳大湾区"规划将为三地未来合作勾勒出更全面、统一的发展方向，我认为金融合作毫无疑问会是当中关键的一环。

"粤港澳大湾区"可成为经济发展引擎

　　"粤港澳大湾区"包括香港、澳门两个特别行政区，以及广东省的9个城市，是目前国家经济活力最强的区域之一。2015年，"粤港澳大湾区"的国民生产总值约1.3万亿美元，经济增速高于全国平均增速；同时，湾区内的9个内地城市2015年的利用外资额约为256亿美元，占全国利用外资总额的1/5，是国家对外贸易的重要门户。这大概可以说明"粤港澳大湾区"对国家经济发展的重要性及其战略意义。

　　谈到湾区经济，不少人会联想到三藩市湾区、纽约大都会区或东京湾区等成功例子。三藩市湾区覆盖三藩市（San Francisco）、圣荷塞（San Jose）、奥克兰（Oakland）等城市，以及集中国际知名科技公司的硅谷，是一个具有高创新能力的区域。三藩市作为美国西岸的文化、商业及金融中心以及区内的主要国际城市，担当了吸引企业和投融资机构落户的重任。区内有享负盛名的斯坦福大学，拥有领先的科研传统，吸引了美国内外不少优秀学生到此求学，毕业生人才辈出；同时亦因集结了顶尖的初创及科技公司、创投基金，加上稳健的制造业基础，使湾区逐渐发展出科技产业，为经济注入崭新的动力。基于这些得天独厚的条件，三藩市湾区聚集《财富》杂志五百强公司的数目属美国第二高，而居民教育程度及人均收入均在美国前列位置。更值得注意的一点是，三藩市湾区的湾区委员会经济研究所（Bay Area Council Economic Institute）的报告指出，湾区的经济已由科技产业主导，转至更多样性的产业发展，例如多元化消费品、医疗保健等行业亦已进驻湾区。

近日不少人以广东与加州、深圳与硅谷作类比，但我认为"粤港澳大湾区"的发展潜力可以比三藩市湾区更大，会是内地通向世界的窗口。

以香港而言，我们拥有一流的世界知名大学，汇聚不少人才和专才。作为重要的国际金融、航运和贸易中心，香港能提供各项配套，助湾区内企业"走出去"与国际接轨。澳门是国际旅游休闲中心，亦是国家与葡语系地区商贸合作的主要平台，可助湾区内企业把握葡语系地区的市场。深圳在科研及产业创新方面发展速度骄人，其"新产业、新业态、新模式"经济占 GDP 比重为 50.4%，互联网产业的增长达 15.3%，更是 5500 多家国家级高新技术企业（包括腾讯、华为等）的所在地，可成为湾区内的科研基地。至于广东省的产业体系比较完备，制造业基础雄厚，可成为大湾区的制造业中心。所以只要充分发挥"粤港澳大湾区"的发展潜力，各地区掌握自身的优势和定位，并透过三地优势互补、协调，"粤港澳大湾区"以整个国家为腹地，可进一步发展为内地经济发展的引擎。

香港金融服务业的优势明显

香港作为具领导地位的国际金融中心，在"粤港澳大湾区"的建设中可担当关键角色。首先，香港资本市场的实力是毋庸置疑的。以证券市场为例，我们的股票市场是全球首屈一指的首次公开招股中心。2016年，香港首次公开招股集资总额为251亿美元，连续两年位列全球第一。至2016年年底，在香港上市的广东企业便有212家，占内地在香港上市公司的22%，总集资额超过7080亿港元，其中接近2970亿港元经首次公开招股集资，足见香港这个融资平台已是广东企业"走出去"的首选。我们亦正积极研究如何持续提升香港上市平台的竞争力，包括检视创业板的定位，以及探讨设立新板的可能性。

香港在私募基金市场方面的发展亦是亚洲区内的翘楚。过去三年间，在香港的私募基金公司数目增加了11%，而至2016年年底，这些公司管理的私募基金总值达1185亿美元，在亚洲排行第二。可见香港能为"粤港澳大湾区"提供一流的融资平台。

另外，香港拥有全球最大的离岸人民币资金池，并处理全球约七成的离岸人民币支付交易，当内地（尤其是"粤港澳大湾区"内城市）与"一带一路"沿线国家的经贸联系进一步加强，香港将可发挥作为全球离岸人民币业务枢纽的功能。而随着"粤港澳大湾区"规划和"一带一路"倡议的推展，我们亦可以预期各地对香港财富及风险管理服务的需求会增加。2015年年底，香港的基金管理业务合计资产约为17万亿港元；资产管理业公司数目亦在5年间增加近五成，管理的非房地产基金管理业务资产中近七成来自非本地投资者。我们会继续推动香港成为更全面的基金及资产管理中心。

香港可成为湾区企业国际化的"根据地"

粤港毗邻而居，是香港在内地最紧密的伙伴之一。在《内地与港澳关于建立更紧密经贸关系的安排》（CEPA）、广东自贸区政策等框架下，过去多项先行先试的贸易自由化政策、资本项目开放措施亦率先在广东省或深圳市推出，为粤港金融合作奠定了良好的基础。

展望将来，香港的金融服务业可在哪些方面推进"粤港澳大湾区"的发展？

第一，"粤港澳大湾区"内的经济体制不尽相同、经济产业亦各有所长，各地在不同产业所累积的专业知识却可以优势互补，合力做大做强、开拓新商机。举例说，香港在金融方面的优势，可助深圳的科研企业大大降低融资成本，支持企业持续增长；而广东成熟的生产技术，也可为区内企业以低廉成本制作原型，并使香港的创科企业更具成本效益地生产，增加产品在市场上的竞争力。

第二，香港拥有与世界市场紧密互动的丰富经验及成熟的金融基建，可以为湾区内有意"走出去"的企业提供扎实的阶梯。香港各方面的监管制度和标准，以至解决争议及法治制度均与西方类同，并获得国际认可，我们与纽约和伦敦连成 24 小时运作不息的全球交易系统便是一例。区内计划"走出去"的企业可先以香港作为试点，测试业务在接近西方模式的监管环境下的兼容性，长远可以促进湾区创新及服务企业向世界各地输出服务，并以香港作为其国际业务的根据地。

第三，完备的金融基建以外，香港的资本市场稳健成熟，首次公开召股集资实力强劲，可以为企业提供全面的投融资选择，并可吸引全球投资者。过去十多年来，深圳在科研及创新方面的发展带来了新产业和模式，因着"粤港澳大湾区"新经济公司的融资需要，香港可在传统的首次公开招股或债券市场以外，积极发展和研究开发多元化的金融平台和产品，像非上市企业股权交易平台等，让两地的优势产业结盟，同时带动本港的金融创新。

排除障碍争取湾区全面互联互通

要达到以上目标，我认为大可循两大方向出发：

首先，强化"粤港澳大湾区"金融服务的互联互通，开发更多的融资渠道和跨境金融服务去配合区内企业的发展，例如香港交易所在前海大宗商品交易及融资平台，就是把香港的成功模式移植到内地大宗商品市场，有效服务内地实体经济。事实上，两地互联互通已有稳固的根基，例如在证券市场，继 2016 年年底推出的"深港通"，李克强总理刚在人大闭幕后的记者会上表示准备试行"债券通"，以进一步便利两地投资者参与债券市场，优化债券市场基础设施的联系。银行业方面，广东省的金融机构和企业已可灵活自主开展本外币跨境融资，而香港金融管理局及中国人民银行广州分行亦已于 2016 年联合推出粤港电子支票联合结算业务。至于资产管理业，内地与香港基金互认安排运作良好，至 2017 年 1 月底，已有 6 个香港基金获批在内地销售及 18 个有广东背景的基金公司管理的基金获批在香港销售。我相信，日后两地政府和监管机构可制定更多的优惠政策，以进一步促进"粤港澳大湾区"内的金融服务合作。

除了政策上的配合和支持外，这个地区若要做到彻底的互联互通，便要把各种有形或无形的障碍清除。我相信只要充分利用各地的优势，在协同效应下便可提高区域的整体效益。我们需要的是一个像香港投资推广署的机构，为区内企业寻找或配对合作伙伴，帮助企业解决营商难题，并提供最适切的支援。受惠对象不单是大型的金融机构，更需要的可能是金融科技的初创企业或保险业的中小企业等。事实上，不少现行 CEPA 下的措施都朝着令资源分配更具效率，降低企业交易成本，优化和提升区域营商环境这个方面出发。我们可借"粤港澳大湾区"规划这个契机，进一步提升三地的合作，解决"大门开、小门不开"这个问题，建设大湾区流通经济圈。

我认为在众多范畴当中，"粤港澳大湾区"可以依从上述的方向大力发展金融科技，建立更大优势。一个例子是发展迅速的电子支付系统。近年有多个不同的支付平台推出，香港亦正积极发展有关系统。这些支付平台既为日常购物带来崭新的支付方式，也令网上购物付款变得轻松简便，更让人与人之间可以随时随地进行转账，令货币流动进入新模式。现时香港与"粤港澳大湾区"尚未有一套获广泛应用的跨境电子支付系统，若我们可以将现有的有形障碍清除，拆墙松绑，长远而言建立一个广泛应用的区域性平台，便可以有效降低香港与大湾区进行实体及电子商贸的交易成本，并可大大促进区内货物和货币的自由流动，为区内的企业制造更大商机，增加企业和市民的交流及了解，为建立真正的大湾区缔造有利的环境。

此外，香港正发展成为采用和订立尖端科技标准的枢纽，而业界与科研和监管机构亦正积极研究多个关于网络安全和区块链技术的项目，包括进行"概念验证"、收集数据分析可行性，以及网络防卫评估框架等。凭借香港在这方面的优势和推展上述项目所累积的经验，将有助促进"粤港澳大湾区"在采用尖端金融科技和加强在金融后台服务设施等金融基建的合作方面作出贡献，并将我们的经验输出外地。

　　香港作为"粤港澳大湾区"中最国际化的一个城市，同时拥有"一国之利、两制之便"。过去，我们充分把握了既在"国内"又在"境外"的双重优势，已落实了不少有利于两地金融市场发展的互联互通措施。"粤港澳大湾区"规划将有助于落实"十三五规划"和"一带一路"倡议这两大国家发展策略。我相信，若香港能在已有的基础上，进一步巩固和发挥香港作为国际金融中心、全球最大离岸人民币业务中心的功能，香港的金融服务业定能在"粤港澳大湾区"中发挥积极的作用。

（原文刊于《紫荆》2017 年 4 月号第 318 期）

努力打造香港中医药国际枢纽

原香港特别行政区政府食物及卫生局局长　高永文

　　香港背靠中国内地，面向世界，荟萃中西，拥有自身的优势和实力成为中医药国际枢纽。放眼未来，香港中医药的发展应当在全球一体化、国家"一带一路"的大前提下，让优秀的人才和丰富的市场资源汇聚，迈步向前。

　　中医药在香港的医疗卫生体系中，无论在预防疾病、治疗或康复保健等方面，一直扮演非常重要的角色。香港特区政府对中医药业的推广亦不遗余力，作出适切的规管，支持中医药业的发展。

　　香港中医药的发展受到《基本法》的保障。香港《基本法》第138 条订明："香港特别行政区政府自行制定发展中西医药和促进医疗卫生服务的政策。"1999 年 7 月通过的特区政府《中医药条例》（第549 章），就中医的注册、中药业者的领牌、中成药的注册以及其他有关事宜订立条文，并根据《中医药条例》成立了香港中医药管理委员会（以下简称"管委会"），负责制订及实施各项中医药规管措施。管委会辖下设有中医组和中药组，负责协助管委会履行其职能。

香港中医药发展现状

　　根据《中医药条例》，所有中医在香港执业前必须注册。该条例亦订明，所有中成药必须经中药组注册，方可在本港进口、制造和销售。而条例亦订明中成药必须加上标签及附有说明书，而从事中药材零售及批发或中成药制造或批发业务的中药商全都必先向中药组领取相关中药商牌照，才可继续经营其业务。

● 图1—2—1　2013年9月6日，原食物及卫生局局长高永文在"中药研发研讨会——现况与前瞻"研讨会上阐述香港中医中药的发展状况

截至2017年2月中旬，本港共有注册中医约7200名、表列中医约2600名及有限制注册中医约40名；有中药材零售商约4600个、中药材批发商约930个、中成药批发商约990个及中成药制造商约270个；至于注册中成药方面，获确认中成药过渡性注册通知书

（HKP-XXXXX）的约 7460 个，而获申请通知书获中成药注册证明书（HKC-XXXXX）的约 920 个。

为促进中医药以"循证医学"为本的发展，自 2003 年至今，政府已设立 18 间中医诊所，这些诊所都是由医院管理局、非政府机构和本地大学以三方伙伴协作模式运营的，亦为本地大学毕业生在诊所提供培训机会。此外，本港还约有 60 间由本地大学及非政府机构以自负盈亏模式营运的中医诊所，为社区提供收费相宜的中医服务。为推动中医在基层医疗服务的发展，政府推出的长者医疗券计划也涵盖了中医专业人员，以每年 2000 元医疗券金额资助长者使用私营基层医疗服务。

推动中医药发展是政府重点工作

推动香港中医药发展是特区政府的重点工作之一，并通过于 2013 年 2 月成立的"中医中药发展委员会"及其辖下的两个小组委员会与业界携手研究和制定香港中医药发展的长远策略。在短短的两年间，政府已接纳并逐步落实"中医中药发展委员会"的多项建议，包括已决定出资在将军澳预留土地上兴建中医医院，并邀请医院管理局协助，以招标方式挑选合适的非牟利团体负责推展和营运。由于中医住院服务是香港一项崭新的服务，自 2014 年 9 月起，已分阶段于 7 间医院展开了"中西医协作项目先导计划"，就中风康复、下腰背痛症及癌症纾缓提供中西医协作的治疗服务；以汲取在中西医协作、中医住院服务营运及规管方面的经验，并以此作为制订中医医院营运模式的基础。另外，本港电子健康记录互通系统已于 2016 年 3 月启用，让公私营界别的获授权医护提供者能双向互通自愿参加的病人健康资料，以加强医

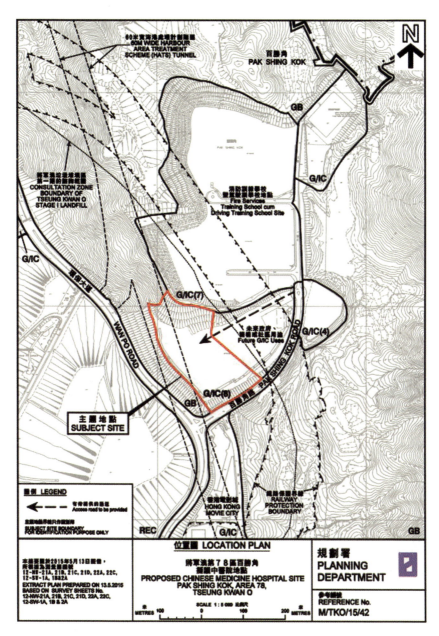

● 图1—2—2　特区政府决定出资在将军澳一幅预留用地上兴建中医院。图为规划位置图，红色范围内为拟建中医院地点

疗服务的连贯性及促进不同医疗提供者之间的配合，而将于未来展开的第二阶段系统开发工作，拟议项目范围包括加入中医药资讯互通。

除了由食物及卫生局局长担任主席的中医中药发展委员会以外，香港政府正透过不同管道研究制定中医药的发展策略，审视现时本港中医中药业于人才培训及专业发展、中医服务、科研、中药产业发展等方面的情况及需要。当中包括 2012 年成立的医护人力规划和专业发展策略检讨督导委员会，就医护人力规划及专业发展进行策略性检讨。

在培养中医药专业人才方面，现时本港已有三所大学设有全日制中医学学士和硕士学位课程，以及举办与中药学相关的不同程度课程，另外多间院校亦有开办与中医药相关的文凭或专业培训

● 图1—2—3　2012 年 8 月 14 日，原行政长官梁振英参观一间中医诊所内中药房的运作情况

课程。

随着中医药在香港医疗体系中发挥越来越重要的作用，中医药在科研创新与技术方面的革新也正在面临新的挑战。为确保中药材的安全及品质以保障公众健康，于2002年开始，卫生署推出《香港中药材标准》计划，分阶段为常用中药材制订参考标准。目前已完成涵盖236种中药材的研究结果和标准，并已开始进行中药饮片参考标准的先导性研究。该项目一直以来得到国家及国际级专业意见及支援。

与此同时，政府计划建立一所由卫生署管理的政府中药检测中心。在兴建永久的政府中药检测中心之前，会在科学园设立临时中心，于2017年3月起分阶段运作，尽快开展部分工作，包括继续建立中药材及饮片参考标准、开展应用于中药材及中药产品的高端生物及化学技术研究，以及筹备建立世界级水准的数码化中药标本馆。

香港中医药的国际合作

为积极推行香港中医药的科研创新与技术革新，卫生署与国家食品药品监督管理总局（以下简称"总局"）港澳台办公室于2016年签署有关中药检测及标准研究的合作安排，进一步巩固双方在中药科研领域的交流与合作，加强中药材标准化技术领域交流，包括中药材及中药饮片品质与安全相关标准的研究、制定，以及有关中药品质与安全检测和风险控制等范畴。

2016年国家推出《中医药发展战略规划纲要(2016—2030年)》，以深化中医药改革、提升基层中医药服务以及中医药资讯化等多个领域。这是首次在国家层面编制中医药发展规划，标志着中医药发展已列入国家发展战略。另外，全国人民代表大会常务委员会于 2016 年 12 月通过的《中华人民共和国中医药法》，是国家首部全面、系统地体现中医药特点的综合性法律，对制定中医药的方针政策、满足市民对中医药需求及中医药行业发展具有里程碑意义。除肯定中医药在国家的地位，更有助提升中医药的国际影响力。

在国际层面上，香港卫生署中医药事务部于 2012 年 4 月被世界卫生组织（以下简称"世卫"）指定成为全球首间重点协助世卫制订传统医药政策、策略及规管标准的合作中心。合作中心以协助世卫促进传统医学纳入国家卫生系统及培育传统医学人才的专业知识发展为其使命。我们亦积极参与国际草药监管合作网络及西太平洋区草药协调论坛等国际会议，推广香港中药材标准的国际化，也包括与"一带一路"发展规划的沿线国家和地区进行中医药文化交流与经济合作。

有优势和实力成为中医药国际枢纽

中医药凝聚着深邃的哲学智慧，是中华民族几千年的健康养生理念及实践经验，是中国古代科学的瑰宝，也是打开中华文明宝库的钥匙。香港背靠中国内地，面向世界，荟萃中西，拥有自身的优势和实力成为中医药国际枢纽。放眼未来，香港中医药的发展应当在全球一体化、国家"一带一路"的大前提下，让优秀的人才和丰富的市场资源汇聚，迈步向前。只要大家同心协力，定能让香港中医药事业更创高峰。

（原文刊于《紫荆》2017 年 4 月号第 318 期）

香港拥有成熟的流行病防疫机制

——访原香港食物及卫生局局长高永文

黎知明

从 SARS 到禽流感，香港十多年来应对过多次重大疫情，目前又面临中东呼吸综合征的威胁，香港的流行病防疫机制，是否能经历住这一次的考验。本刊记者就此专访了香港食物及卫生局局长高永文。

三层次应变级别防范疫情

记者：从 SARS 到禽流感，香港十多年来应对过多次重大疫情，是否已经建立起一套比较成熟的防疫机制？

高永文：我们边做边学，因为一直会有新的问题要处理，不能说我们有十年前应对 SARS 的经验和教训，现在就完全可以按照既有的应变机制应付即可。但经历了 SARS 之后，我们有了很大进步。在防护设施方面，医管局已存备超过 140 万个 N95 口罩和 3800 万个外科手术口罩。医管局还定时监察隔离病房使用情况，截至 2015 年 6 月 7 日，医管局约有 1300 张隔离病床设于 630 间隔离病房。这个数字可以说超过了韩国。我们的硬件设施确实改善了很多，但是如果这些设施用得少，就会有折旧或浪费的问题。我们怎样配置，配置多少，都会有评估计算，以取得适当平衡。应对传染病我们做到及早辨认、尽早隔离，避免疫情扩散。相对来说，这些隔离设施应该是足够用了。对流行性疾病的应变措施也是在 SARS 后不断完善。现在我们有 SARS 应变措施、流感大流行应变措施，当中东呼吸综合征（MERS）出现时，我们也立刻就有相应的应变措施。按照应变措施，界定责任归属，不同的机构不同的职位，有什么责任、中间关系是什么、指挥架构如何运作，都有安排。根据疫情流行程度，我们的应变措施设定为三个级别："戒备""严重""紧急"。

每一个级别有不同的指挥架构。第一个级别由我指挥，透过卫生署卫生防护中心、医院管理局进行工作；如果到了"严重"级别，由我召集一个跨部门委员会，采取一系列相应措施；到了"紧急"级别，这个委员会就由行政长官直接指挥。

当年应对 SARS 时我们没有这么清晰的指挥架构，也没有将责任归属厘定清楚。现在不同机构都有明确职责，根据不同的应变级别，这些机构会有相应措施。

香港目前处于"严重"应变级别

记者：香港目前处于中东呼吸综合征何种应变级别？最快要多久才会撤销或降低应变级别？

高永文：2012 年 9 月，当世界卫生组织首次公布中东呼吸综合征病例时，香港就已经开始定为"戒备"级别。就我个人而言，这两三年中我至少有三四十次在思考这种病，也不断在提醒港人：如果去中东旅游，不要接触骆驼和饮骆驼奶。但如果这个病例没有在香港出现过，就没有人会紧张，怎么宣传和提醒也不在意。但是一且在香港出现，如上次过境香港然后到惠州的那个韩国个案，社会就容易紧张。

目前，我们研判韩国发生的疫情，社区传播风险在增加，同时第四代病例出现，而香港与韩国两地人员往来频繁，我们就把应变级别提升到"严重"级别，并对韩国发出红色旅游警示。我们发出旅游警示出于关注市民健康和公共卫生，并非要去干预个人的旅游，相关健康资讯的发布远远超过台湾地区、日本和美国，也是全球唯一对自己的旅游者发出旅游警示的。

当应变级别为"严重"级别时，意味着在医院的所有临床范围内都要佩戴口罩，以及采取必要防护，并且限制病房探病。这一做法也是从SARS时期学来的经验。因为当时有好多病例来自医院交叉感染，现在韩国的MERS疫情也是这种情况。我们作出规定，在临床范围，采取什么样的医药程序和防护措施以及配备多少防治用品，包括药物、疫苗、防护装备如口罩面罩、防护衣、消毒药水等。在SARS期间，口罩供应不足，因为好多人都去抢购可以应对最高风险的N95口罩，导致口罩供应不足。SARS之后，我们用累积的方法，囤积了足够的N95口罩、标准外科口罩以及各种防护衣物，储备量足以满足高峰期使用三个月。SARS后我们成立了卫生防护中心，负责防控各种流行性疾病。疫情出现时，哪些地方要隔离，哪些人要隔离，都有专责机构提出建议并界定范围，包括隔离营也不用临时去找，已经确定麦理浩夫人度假村和鲤鱼门公园度假村作为隔离营，里面设施符合隔离标准，也配备有平板电视等娱乐设施，这次还为来自韩国的被隔离人士安排韩式餐饮。

在港口卫生方面，从SARS时期到现在，一直坚持对入境者进行红外线体温探测。这次韩国MERS疫情暴发，由于香港与韩国人员往来密切，每个星期有20多趟班机往来，我们加强了港口卫生工作，特别安排韩国来的班机停在指定位置，乘客统一到检疫站检查。可以说，我们目前已经有了一套比较成熟的防疫机制。但是隐忧也是存在的，每一次的传染病流行都是不一样的，不能按照同一个程序去操作，要不断应变。我们这套防疫机制对不同的传染病疫情适应性较强，在大的应变措施和应变架构上是一致的，并会不断去适应，不断吸收新的经验。过往我们的港口会有个健康评估表，如果有发烧的情况就要如实填写个人资料并签名。现在修改了条款，规定如果提供假资料，便属于犯罪。以此确保最大程度地防范疫情传入。

韩国的疫情因为世卫介入后，采取了适当的追踪和隔离措施，曾经有一天出现过零个案，但后来每日又出现几宗，所以我们不能撤销旅游警示或降低应变级别。

是否撤销或降低应变级别，世界上的通行做法是用潜伏期来监测，我们则要求通过两个潜伏期的监测。假设潜伏期是 14 日，在两个潜伏期内，如果病例一直是零个案，那么在 28 日后可以撤销或降低现在的应变级别。

中东呼吸综合征疫苗尚在研究阶段

记者：如何防治中东呼吸综合征（MERS）？香港与内地有什么样的合作？

高永文：中东呼吸综合征来源于骆驼，骆驼是已知的感染病症的高风险因素。人们在外出游玩时要避免骑骆驼，或参与直接接触骆驼的活动，包括饮用骆驼奶，以及使用各种骆驼产品；韩国出现了疫情，提醒大家尽量避免去韩国旅游，这也是防治办法之一。目前疫苗还在研究阶段，暂时没有到临床应用的阶段。对于感染者没

● 图 1—3—1　原香港特别行政区政府食物及卫生局局长高永文

有针对性的治疗方式，只有支援性治疗，或以干扰素来影响免疫系统，让病毒不至于在体内产生更大的反应。

　　香港与内地在此次惠州发现的感染个案的处理中，有很多紧密沟通。惠州方面会把治疗进度通报我们，我们也通报相关信息给他们。SARS 之后，两地就已建立了紧密的传染病通报机制，一直运作到现在并不断完善。

　　记者：对于社会上出现的疫情谣言，政府方面如何应对，以避免引致市民恐慌？

　　高永文：前段时间出现谣言，说香港发现中东呼吸综合征确诊个案，后来证实只是疑似个案，最终也排除染病可能。有人批评我们反应慢。实际上谣言是中午出现，我们下午三点就在官方网站上辟谣，卫生防护中心副主任也是第一时间就在"脸书"上辟谣，说只是怀疑个案，正在做检查，并未确诊，但还是没有止住谣言的传播。我们除了发放辟谣消息，也积极加紧排查，于当晚(凌晨一点)确认疑似个案为阴性，排除了染病可能。从中午发现疑似个案，到当晚排查出结果，这个速度其实是很快的。尽管如此，通过这次谣言事件，我们除了要做到快速排查疑似个案之外，还要以更多官方或非官方网站和社交网络，向市民发放疫情消息。

（原文刊于《紫荆》2015 年 7 月号第 297 期）

新界东北新发展区计划利港利民

原香港特别行政区政府发展局局长　陈茂波

行政长官在《2014 年施政报告》中宣布以 47 万个单位作为未来十年的公私营房屋的新总供应目标，其中公营房屋［包括公共租住房屋（公屋）和资助出售房屋］将会占新供应的六成，加上其他社会和经济发展方面对土地的需求，政府及社会必须面对尽速增加土地供应的挑战。就此，政府一直以多管齐下的土地供应策略，持续并有系统地采取一系列措施，包括尽量善用现有已开发土地，以及开拓可供发展用途的新增土地，以增加短、中和长期的土地供应。新发展区是中长期土地供应的最主要来源之一。

● 图 1—4—1　原香港特别行政区政府发展局局长陈茂波

新界东北新发展区计划

政府早于 1990 年展开的全港发展策略检讨，就已提出研究新界东北的策略性增长潜力。在 1998 年展开的《新界东北规划及发展研究》，选定古洞北、粉岭北及坪輋 / 打鼓岭为新发展区，并在 1999/2000 年就建议的发展计划咨询公众意见。在 2007 年公布的"香港 2030 规划远景与策略"建议开拓古洞北、粉岭北及坪輋 / 打鼓岭新发展区和洪水桥新发展区，以应对香港长远的房屋需求并提供就业机会。

政府在《2007—2008 年度施政报告》宣布筹划新发展区，作为促进经济增长的十大基础建设项目之一。为了启动新发展区的发展计划，规划署联合土木工程拓展署在 2008 年 6 月委聘顾问进行《新界东北新发展区规划及工程研究》，为古洞北、粉岭北及坪輋 / 打鼓岭新发展区制定规划及发展纲领。

为了让公众能充分参与整个规划过程，有关研究共进行了五年，当中包括三个阶段的公众参与活动。在每一个阶段的公众参与，我们已尽量广泛地接触有关团体及持份者，并透过多种渠道向公众发放研究的资料。

古洞北及粉岭北新发展区

在充分考虑了公众意见及详细技术评估结果，并平衡各方的诉求后，政府于 2013 年 7 月公布新界东北新发展区的修订方案，建议推展古洞北及粉岭北两个新发展区，作为粉岭 / 上水新市镇的扩展部分，并整合为粉岭 / 上水 / 古洞新市镇。该新市镇将会发展成为一个综合社区，总人口约为 46 万人，除了提供更多的就业机会，亦会因应较大的人口规模提供不同的商业、社区、康乐及文化设施。至于坪輋 / 打鼓岭一带则会在"发展新界北部地区初步可行性研究"中再作审视，并重新规划。

古洞北及粉岭北新发展区将会提供合计约 6 万个新住宅单位，其中六成为资助房屋［包括公屋和居者有其屋（居屋）］。按现时计划，单位将于 2023 年起陆续落成。新发展区除了供应房屋用地外，更可提供发展空间予不同类型的商业、办公室、酒店、零售及服务业及研发用途，满足其他土地用途需求。连同其他社区设施的就业机会，新发展区可提供共约 37700 个新增就业职位。

新发展区采取"绿色新市镇"的规划理念，城市设计糅合了区内的自然景观及生态资源，包括凤岗山、梧桐河、双鱼河、石上河及塱原湿地等，将大自然融入城市发展中。新发展区内亦保留约 58 公顷划为农业用途的土地，连同 37 公顷的塱原自然生态公园，共有约 95 公顷土地可让区内农户继续耕种，建立城乡自然共融社区。两个新发展区内约有 186 公顷的"绿化地带"及"休憩用地"。

● 图1—4—2　粉岭上水古洞新市镇范围

● 图1—4—3 粉岭北新发展区河畔长廊

住宅、工作、休闲及公共服务设施主要集中在铁路站及公共交通枢纽附近，并设有完善的行人路和单车径网络，方便居民出行，减少运输引致的碳排放，并推动健康生活。新发展区亦会采用多项节能减排措施及环保建筑设计，缔造可持续的生活环境。

古洞北新发展区邻近铁路、公路和现有口岸，为善用此地利，同时顾及该区丰富的天然和生态资源，该区将发展成为"多元化发展中心"，集住宅、商业、研究与发展及农业用途于一体，另会发展零售和服务业，以及设有社区和政府设施，亦会有用作自然和生态保育的土地。区内八成人口将居于古洞铁路站半径500米的步行范围内，方便他们与区外的连接和到区外就业，减少车辆的使用，提升环境质量。全面发展后，该区可容纳的总人口约为105500人，及提供约31200个就业机会。

粉岭北新发展区位于梧桐河畔，北面为翠绿的山峦。该区将会发展成为"河畔社区"，以善用优美的河畔和山峦景致，为居民提供舒适的生活环境。该社区会集住宅、零售及服务业和农业用途于一体，以及提供社区和政府设施。全面发展后，该区可容纳的总人口约为 71400 人，提供约 6500 个就业机会。

补偿及安置

要推行古洞北及粉岭北两个新发展区，以发展更具规模的新市镇，提供房屋特别是资助房屋（公屋和居屋）以及其他经济活动发展的空间，无可避免会需要收回私人土地以提供基建和进行发展，因而会影响到当区一些居民。初步估计，受影响的约 1000 户居民当中，不少是住在未经许可而搭建在政府土地或私人农地上的寮屋或牌照屋，这些寮屋并没有业权，也不可转让。政府的一贯政策是暂时容许它们存在，但到有关土地需要发展时便要清拆。香港以往新市镇的发展经过都是如此。我们十分理解受新发展区影响的村民对拆迁的忧虑，因此已预留土地给合资格的居民原区公屋安置，亦会提供特设特惠补偿，协助他们搬迁。

● 图 1—4—4　古洞北新发展区市中心

下一阶段工作

为尽早提供土地以应付房屋需求，以配合首批居民入住，并提供社区设施，政府须进行古洞北及粉岭北新发展区的前期工程，包括有关房屋用地平整及相关基建工程。立法会财务委员会已于2014年6月通过前期工程详细设计及工地勘测的拨款，我们预计在2014年第四季度展开相关的详细设计及工地勘测工作。在开始设计后，我们会进行法定程序和相关的刊宪。前期工程项目的主要施工拨款申请，将在较后阶段待相关详细设计及工地勘测工作大致完成后才提出。预计约需四年时间完成有关的设计及法定程序，之后才展开相关土地平整及基建工程。

新发展区的主体工程预计最早要待2018年才会开展。政府会争取时间，继续和受影响的村民、农户、厂户、商户、乡事委员会及其他持份者保持沟通联系，在合情合理、符合公众利益和公帑运用得宜的大前提下，寻求切实可行的方案，尽可能照顾他们的需要。

（原文刊于《紫荆》2014年8月号第280期）

香港如何解决城市交通难题

原香港特别行政区政府运输署署长　杨何蓓茵

　　香港作为世界级国际都会，虽然地狭人多、寸土寸金，但拥有高效率的交通网络。这个现代化的网络由四通八达的铁路系统，多元化的公共交通工具，包括巴士、小型巴士、电车、渡轮，以至个人化的计程车等组成。

　　目前全港每天约有 1200 万乘客人次使用公共交通工具，占整体出行人次的九成，比率可说是全世界最高。当中逾 500 万人次使用不占路面的铁路系统，紧接其后的是专营巴士服务，每日使用人次接近 400 万。香港一向地少人多，加上环境和社会的限制，道路网络的扩展速度根本无法应付持续增长的交通需求，因此如何在有限的路面让数百万人有效地使用公共交通工具，对运输署来说实是一项很大的挑战。

　　特区政府一直多管齐下，处理交通挤塞问题，包括致力改善交通基建（如扩展铁路网络及改善行人设施）和公共交通系统。而为让有限的路面空间发挥最大效益，特区政府亦透过各种交通管理政策、减少拥有及使用车辆的措施、加强交通违例执法和应用资讯科技向道路使用者发放交通资讯，以管理好道路的使用。

巴士路线重组

在改善公共交通系统方面，运输署一直积极与各公共交通营办商合作，务求提升其服务效率，其中一项着力推动的是巴士路线重组。专营巴士是铁路以外另一重要的集体运输工具，基于香港可供使用的路面实在有限，而近年车辆又不断增加，因此应更有效率地运用巴士资源。巴士路线重组，除了可善用巴士资源及提高服务网络效率外，亦可纾缓交通挤塞和减少路边空气污染。顾名思义，巴士路线重组并非只是删减路线或班次，而是把巴士资源整合，用在最有需要的地方。透过重组计划，可以取消载客率低的路线、整合路线重叠的服务、修改行车迂回的路线、减少使用率严重偏低的班次。巴士公司可利用节省了的资源开办新路线或加强现有的班次，令巴士服务更具吸引力，降低市民使用私家车的意欲。

此外，为配合新铁路线启用，运输署会评估新铁路项目对路面公共交通服务的影响，制定一系列公共交通服务（包括专营巴士及专线小巴）重组计划，务求令公共交通服务更具效益和切合市民的实际需要。其中包括删减或合并因乘客改乘铁路而客流量大为减少的服务，及开办接驳铁路站和一些在铁路站步行距离以外地点的路线。过程中，运输署会适时咨询地区议会对重组计划的意见，因为专营巴士和专线小巴服务的对象是社区内的乘客，我们要争取社区对路线重组计划的支持，以落实重组方案。

电子道路收费先导计划

如同世界上任何一个大都市一样，尽管香港运输署致力提升公共交通网络的效率，香港的交通挤塞仍有不断恶化的趋势。其中一个主因是车辆数目持续增长，令车辆争相使用路面空间的情况日趋激烈，路上常常出现长车龙，令驾驶者和乘客浪费了宝贵的时间在路上等候。

面临新出现的问题，香港政府部门积极采取新的措施，以应对这一问题。香港的交通咨询委员会（交咨会）应特区政府的要求，在 2014 年就本港交通挤塞问题进行研究，并提出共 12 项短、中及长期建议。政府原则上接受这些建议。而交咨会的其中一个建议，就是促请政府尽早筹划电子道路收费先导计划，并认为中环是一个合适的试点，因为它是本港的商业中心区，区内主要路段经常出现严重挤塞。另外，区内亦有多种公共交通工具供市民选用，而且本港也正在港岛北岸兴建一条连接北角至中环的绕道，当这条中环湾仔绕道通车后，可为并非以中环为起点或终点的驾驶者提供不收费的替代路线，让这些车辆可以不经收费区。

电子道路收费是基于"用者自付"原则，透过在繁忙时间向使用收费区道路的驾驶者征费，令部分驾驶者改乘公共交通工具进入收费区，或于非收费、低收费时段才驾车进入收费区。由于少了部分的汽车流量，交通挤塞以至于路边空气素质都可以得到改善，为社会整体，以至每一个人（无论是驾驶者、公共交通工具的乘客或行人）都带来裨益。

特区政府在 2015 年 12 月就《中环及其邻近地区电子道路收费先导计划》展开了为期三个月的公众参与活动，是筹划工作的第一环，一方面让市民对电子道路收费有基本的认识，引发讨论及凝聚共识；另一方面让政府听取各方对先导计划各基本元素的意见，包括收费的范围、机制、时段、水平和科技等。根据海外经验，由开始筹划至推行电子道路收费是需要数以年计的时间，因此有需要把握时间现在就开始筹划的工作，并就如何推行先导计划凝聚共识，为先导计划制定路向。

运输署已完成整理在第一阶段公众参与活动期间收集到的意见，稍后将会委聘顾问专家进行深入的可行性研究，拟定较具体的方案，再透过第二阶段的公众参与活动，听取市民的意见。日后当定出具体的落实方案后，特区政府仍需草拟相关法例及向立法会申请拨款，进行详细设计、工程建造、仪器安装及测试等工作，才能正式推行。

在应对交通挤塞问题时，没有单一的方案，必须多管齐下。以中环为例，单靠巴士路线重组不能解决中环的交通挤塞，过度削减巴士路线及班次只会令巴士服务失去吸引力，效果适得其反。透过电子道路收费可以减低汽车流量，改善中环一带的交通挤塞，巴士及其他公共交通工具的乘客会因行程时间减少而受惠，巴士班次更

●图1—5—1　车辆在下班高峰期通过港岛北部的主干道告士打道

● 图1—5—2　香港特区政府关于电子道路收费的海报

为稳定，令巴士服务更具吸引力。

　　交通挤塞对社会的经济、空气质量，以至城市的形象都有不良影响，因此，解决交通挤塞问题刻不容缓。特区政府会继续采取多管齐下的措施纾缓交通挤塞。

　　　　　　　　　　（原文刊于《紫荆》2016年4月号第306期）

确保机电安全　推广环保节能

原香港特别行政区政府机电工程署署长　陈　帆

凭借港人自强不息、勤奋拼搏的精神，香港由一个小渔村蜕变成为国际大都会，发展一日千里；而安全可靠的机电设施，亦为香港的快速社会发展起着非常重要的推动作用。香港拥有效率全球首屈一指的铁路交通系统，不但促进市区及新市镇的发展，同时缩短了市民的往返时间。香港的升降机密度亦是全球最高，配合城市向高空发展的实质需要。此外，香港的机电设施稳定可靠，表现均处于世界前列水平，其中燃气供应可靠程度逾 99.99%，而供电可靠程度更高于 99.999%。

守护机电安全

机电工程署的职责是确保电力、燃气、升降机、自动梯、机动游戏机和铁路的安全，以及推广提升能源效益。我们深信，要确保机电设施安全可靠、符合经济效益和可持续发展，一套科学管理和以人为本的规管制度必不可少。

完备的注册和审批制度是规管架构的重要基石。机电工程署负责执行 14 条与机电安全和能源效益有关的条例。我们拥有完善的法规和适切的规管制度，其中一个规管重点是针对业内工程人员和公司实施注册制度，确保业界达至专业水平，为市民提供可靠的服务。在这个制度下，只有注册电业工程人员才可进行电力工程，亦只有注册气体供应公司才可经营进口、生产或供应气体的业务。此外，涉及安全范畴的机电设施和产品都必须先通过审批，而升降机、自动梯或机动游戏机在安装前，其设计亦须经过审批，并在取得准用证后，方可运作。

为了保障机电安全，我们采取"治未病"的策略，订立"预警指标"，包括注册工人的年龄分布、维修保养价格及机电装置的增幅和老化情况等，以全面监察和制定有效的预防措施和持续优化规管服务的策略。若工人的年龄普遍增加，可能预警劳工短缺及技术承传的隐忧；如机电装置数量激增或维修保养价格骤降，则反映维修保养水平可能下降。我们会因应指标适时审查有关承办商，促请他们及早作出改善，防患于未然。

此外，我们亦以"风险为本"的方式进行规管工作。例如根据市民通报和巡查结果量化地下煤气喉管的健康状况，从而订立《地下网络健康指数》，以有效调整地下喉管的更换及巡查优次。鉴于近年本港有多项基建工程陆续动工，我们主动监察在煤气喉管附近进行的高风险工程项目，就较高风险的项目加强安全推广，以减低煤气喉管损毁的风险。在采取这项措施后，涉及地下煤气喉管的气体事故明显减少。

带领全民节能

香港每年使用约 28 万太焦耳的能源，最终能源强度在欧盟和亚太地区中居于前列位置，能源表现尚算良好。然而，面对极端天气和全球暖化，香港亦不能独善其身。随着全球城市化进程加快和

● 图1—6—1　香港的维港夜景享誉国际，属全球三大夜景之一

人口增长，未来的能源需求会不断上升，构建绿色都市和推动可持续发展已成为迫切的工作，而推动节能减排更是首要任务。

香港建筑物占全港总用电量约九成。因此，我们订立《建筑物能源效益条例》和《能源效益（产品标签）条例》，规管建筑物内主要屋宇装备和家电产品的耗电量，并设立区域供冷系统和推行淡水冷却塔计划，减少冷气耗电量。为确保能效标准紧贴国际步伐，我们因应科技发展，适时修改相关法规。2015年，我们改进能源效益标签计划，大幅提升冷气机、雪柜和洗衣机的能源效益标准，并鼓励供应商引进高能效产品，预计有关安排每年可节省3亿度电。此外，我们更新了《建筑物能源效益守则》，透过提升屋宇装备（包括电力装置、空调装置、照明装置、升降机和自动梯装置）的能效，进一步提高建筑物的能源效益，估计至2025年可节省合计50亿度电。

● 图1—6—2　2015年年底，香港相继举行了两个嘉年华会。为了让市民安心和尽情享用各项机动游戏设施，机电工程署尽心竭力，适时完成审批工作，并密切监察设施的运作，确保安全

除了立法规管，我们亦积极推动"城市节能，人人有责"的理念，透过宣传教育，鼓励全港市民参与节能工作，并增强他们的环保意识。我们到访中小学进行宣传推广，并且举办"悭电熄一熄青年奖"和"新能源、新世代"太阳能车比赛等活动，向青少年灌输环保概念。最近，我们配合环境局推出"香港都市节能蓝图2015—2025+"，为香港设定于2025年前把能源强度减少40%的目标，此举足证我们对环保的决心。

机电工程署于总部大楼设立教育径，展示多款节能和环保设施，并安排导赏团向市民推广节能和再生能源。我们最近亦开设了"全民节能"网站，整合环保资讯，以及举办多项活动，例如推出"室内温度节能约章"，鼓励各式建筑物，例如商场、办公室大楼、住宅和屋苑，将平均室内温度维持在摄氏24—26度，减少能源消耗。我们会继续凝聚各界力量，鼓励市民节约能源，使香港成为可持续发展的低碳宜居城市。

● 图1—6—3　两个嘉年华会共设置约50款不同形式的机动游戏机，共吸引逾100万人次入场，为市民带来欢乐。图为其中一个嘉年华现场

● 图1—6—4　2016年1月，机电工程署举办"新能源、新世代"太阳能车比赛，提升各界，特别是年青一代，对再生能源和能源效益的认识和兴趣，以及提供平台让他们展示在创新工程上的研发能力和团队合作精神

● 图1—6—5　在香港科学园举行的"新能源、新世代"太阳能车比赛是机电工程署的"全民节能"青年比赛之一

● 图1—6—6　机电工程署以"机电安全，从小做起"为口号，派出外展大使到学校进行宣传教育，让小朋友把安全信息带回家中

共同参与　持续发展

我们透过多种渠道，向市民推广机电安全和环保节能。我们先由教育儿童着手，让他们从小明白机电安全和节约能源的重要性，并鼓励他们养成注意安全和节约能源的习惯。我们走访各幼稚园、中小学以至专业院校，并招募机电青少年大使，提升他们对机电安全和节约能源的意识，冀能培育他们成为节能的领跑者，将机电安全和节能信息推广成为社会文化。

此外，我们安排长者参观机电工程署总部大楼的环保设施，并印制供外佣参阅的机电安全单张。我们亦定期派员到物业管理公司举行讲座，使各阶层人士都能参与节能工作和认识机电安全的重要。我们透过网页和传媒发放资讯，让市民更了解我们的工作。

● 图1—6—7　机电工程署于2016年1月举行的"教育及职业博览2016"设立"机电大街"展览摊位，与业界机构共同推广机电行业，吸引年轻人入行

　　专业的机电技术人才对推动城市的持续发展极为重要，因此，我们致力加强培训机电业人才，提升他们的技术水平。我们牵头成立由业界人士组成的"香港机电业推广工作小组"，目的就是提升市民对机电业发展的重视和支持，以及提高机电业整体的专业形象，从而为业界注入新动力，薪火相传。

　　守护机电安全和推动全民节能的工作，任重道远，时刻都不能松懈。我们秉持"多行一步、用心服务"的精神，鼓励同事将"公众价值"的观念融入工作文化，透过我们的服务，促进社会安全和提升市民的生活素质。为巩固这个部门文化，我们每个组别和单位均订立"服务信念"，就是时刻谨记服务对象所需，以挚诚的工作态度为市民提供优质服务。

（原文刊于《紫荆》2016 年 5 月号第 307 期）

香港新市镇规划及斜坡防治管理

香港特别行政区政府土市工程拓展署署长　钟锦华

　　香港人烟稠密，人口截至 2015 年年底已逾 730 万。为解决土地供应问题，本署一直积极规划和开展多项大型发展计划，其中包括现正进行的东涌新市镇扩展计划。此外，为减少山泥倾泻风险，我们多年来不断优化斜坡防治管理措施，务求为市民提供安全舒适的居所。

东涌新市镇扩展计划

　　过去，特区政府以发展新市镇应付人口增长，分散市区过于挤迫的人口，改善居住环境。东涌新市镇于 20 世纪 90 年代初开始分阶段发展，其后因应北大屿山整体规划变化，以及港珠澳大桥等大型基建项目将会相继落成，特区政府为把握东涌未来的发展潜力和机遇，于 2012 年年初决定将东涌扩展成一个能够切合市民对房屋、社会、经济和环境需要的新一代新市镇，透过填海造地增加土地和房屋供应，同时优化社区设施，加强区内及对外的交通联系。东涌新市镇扩展涉及约 250 公顷的土地发展，落成后整个新市镇可容纳约 27 万人口，比目前的规划人口容量（约 12 万）增加一倍多，有助于满足香港整体人口增长所带来的房屋及其他发展需要。

　　为了解公众对东涌新市镇扩展计划的看法，我们为项目进行了三个阶段的公众参与活动，包括巡回展览、焦点小组会议、工作坊和公众论坛，以接触各界持份者，包括立法会、区议会、乡事委员会、办学团体和居民团体等。除顾及规划和工程方面的考虑，我们亦仔细分析和平衡公众的意见，以确立最终建议发展方案，从而达至和谐发展的目标。其中，面对殷切的土地需求，我们曾经建议在东涌湾以北生态价值相对较低的水域填海，但基于公众就该处填海对生态环境影响的关注，我们决定修改原有计划，不在该处填海，并提出保育东涌河和东涌湾的发展方案，以回应公众诉求。

　　在制定扩展区的土地规划时，我们会尽量切合东涌扩展区的地势特点和现有的周边设施，以配合发展需求。例如，由于扩展区东面邻近香港国际机场，发展受制于机场的高度限制，故扩展区的规划将采用梯级式建筑设计，远离机场并靠近山边的建筑物会尽量利用山景作为楼宇背景，并采用较高的地积比率发展，建筑物的高度和密度亦会往海滨方向逐步下调。

　　在增加土地供应的同时，我们亦会致力优化扩展区内的基础建设。为加强区内和对外的交通接驳，我们会按运输主导发展原则设置铁路站，以增强运输系统的承载量。我们亦会加强社区配套设施，包括增设学校、医疗诊所、社区中心和室内运动中心等，并在靠近铁路站的土地规划密度较高的住宅，打造都会中心区，于区内提供办公室和商业用地，以带来更多就业机会。

　　鉴于扩展区西面拥有丰富的生态和文化遗产资源，我们只会在生态和文化价值较低的休耕农地进行低密度住宅发展。除了引入创新的可持续城市排水系统和避免在位于该区的东涌湾进行填海，我们亦会于东涌河畔规划缓冲区，把发展区和河道分隔。我们会把已被人工化的河段以天然物料改建，并将其建设成河畔公园以推广亲水文化，以及改善东涌河与东涌湾的生态。

香港斜坡安全系统

香港山多平地少，早期的发展除开拓新市镇外，不少房屋是依山而建，加上受季节性大雨的影响，确保斜坡安全成为特区政府一个重大的挑战。

本署辖下的土力工程处专责监管本港所有岩土工程，减低山泥倾泻的风险，并逐步建立了一套全面的斜坡安全系统。该系统主要采用三大策略。

第一个策略是改善新发展项目的岩土安全水平。在私人发展项目早期的土地规划阶段，我们会就项目可能受到的天然山坡山泥倾泻风险进行评估及作出山坡安全建议。在其后的工程设计和施工阶段，更会透过法定权力实施岩土工程管制。我们亦会根据政府的行政规例，监管政府工程项目的岩土工程，为有关部门提供岩土专业意见。

第二个策略是减低旧有人造斜坡和天然山坡的山泥倾泻风险。我们透过编订《斜坡纪录册》以记录全港约六万个人造斜坡和挡土墙的资料，并会根据资料作出量化风险评估，对不合现时安全标准的政府人造斜坡和挡土墙进行巩固工程。在私人斜坡方面，就可构成崩塌风险的斜坡，我们会向业主发出危险斜坡修葺令。至于天然山坡方面，我们于 2010 年推出新的"长远防治山泥倾泻计划"，对天然山坡进行山泥倾泻风险研究和推展风险缓减工程，并加入美化和保育生态的元素，以改善斜坡的稳定性及外观。

● 图1—7—1　香港建立了一套全面的斜坡安全系统，确保斜坡安全

　　第三个策略是尽量减低山泥倾泻造成的后果。我们致力教育市民在暴雨来临前应采取防御山泥倾泻措施。除了在我们的斜坡安全网站提供斜坡安全资讯外，我们亦会举办多项社区活动，包括斜坡安全展览。此外，我们设立了山泥倾泻警报系统，提醒市民留意山泥倾泻的潜在风险。同时，在发生山泥倾泻后，我们会立即为各政府部门提供24小时紧急岩土工程的专业意见，减少市民受山泥倾泻的影响。

　　经过多年的努力，本港因山泥倾泻导致的死亡个案已经大大降低，由人造斜坡引起的整体山泥倾泻风险于2010年已降至低于1977年土力工程处成立时的1/4水平，与发达国家的安全水准相若。尽管如此，鉴于全球暖化为世界各地带来极端天气现象，未来反常的降雨量可能会触发更多和更大型的山泥倾泻，因此我们会居安思危，持续进行斜坡安全的工作，减低山泥倾泻的风险，保障市民安全。

展望未来，本署会继续采用以人为本的方针，提供优质的工程服务，配合香港的发展需要，建设香港。

（原文刊于《紫荆》2016 年 6 月号第 308 期）

香港防洪排涝、除污净流有妙招

香港特别行政区政府渠务署署长　唐嘉鸿

二次大战后，香港人口激增，大量生活及工商业污水未经处理便排入河道和海港，严重污染环境；急剧的都市发展以混凝土及沥青建造路面，削弱土地储水和排洪能力，径流骤增而令水浸情况恶化。就此，香港政府展开一系列全港性污水及雨水排放研究，制定长远改善策略及方案。渠务署在 1989 年 9 月成立，肩负起防洪及污水处理的重任。我们的抱负是提供世界级的污水和雨水处理排放服务，以促进香港的可持续发展。

防洪排涝　对症下药

香港是亚太区内降雨量最高的城市之一，每年平均降雨量达到 2400 毫米；随着全球气候变化加剧，风暴潮及暴雨更是频繁密集。

渠务署于 1994 年至 2010 年期间，将全港分为 8 个区并制定"雨水排放整体计划"，同时提出一系列的改善建议。为配合城市的最新发展及应对气候变化的潜在影响，我们自 2008 年陆续为各区的"雨水排放整体计划"展开检讨研究，评估现有雨水排放系统的能力，以拟定相应的改善措施。

香港的防洪策略可以总括为"三招"："截流""蓄洪"及"疏浚"。

● 图1—8—1 经治理后的新界区河道

"截流"，是将上、中游集水区的雨水截取，然后绕道而直接排放出海，从而纾缓下游地区的水浸风险；近年启用的港岛西、荃湾及荔枝角3条雨水排放隧道，皆为显例。"蓄洪"，是指利用地下蓄洪池暂存雨水，待暴雨过后才排走洪水，以减轻下游排水系统的负荷；现正施工的"跑马地地下蓄洪计划"更备有可调式溢流堰，结合实时水位感应及潮汐数据，自动控制水闸的开关。"疏浚"，泛指改善、扩建及提升现有雨水排放系统的工程；我们于20世纪90年代后期及21世纪初期，相继完成多项新界区的治理河道工程，当中包括深圳河第一至三期治理、锦田河及山贝河治理等，致使区域性的水浸事件不复出现。

经过渠务署二十多年的努力，我们先后消除了124个水浸黑点，现时仅剩7个，大大减低香港的水浸风险。除推行防洪工程外，我们设有24小时运作的"渠务热线"，适时处理查询及投诉；在恶劣天气期间，我们更会启动"紧急事故控制中心"，指挥及协调渠道清理工作，同时协助其他部门应对紧急事件。

除污净流　保护水体

　　渠务署的污水处理服务涵盖污水的收集、处理及排放，现时服务已覆盖全港 93% 的人口。我们辖下约有 300 所污水基建设施，其中 70 所为污水处理厂，每日平均污水处理量达 280 万立方米。

　　多年来，香港政府一直致力改善维多利亚港的水质，推行"净化海港计划"以收集及处理维港两岸的污水，避免污水直接流入维港；计划于维港两岸兴建深层污水隧道，将污水收集及输送至昂船洲污水处理厂处理和消毒，然后经海底管道排放至维港以西海域。污水隧道建于地底深处，不受楼宇地基、铁路隧道等阻碍，路径较短又可减少工程对公众的影响。"净化海港计划"第一期及第二期甲分别于 2001 年及 2015 年启用，两期工程前后历经 20 年，总工程费用达 258 亿港元，是香港历来最庞大的环保基建项目。其深层

　●图 1—8—2　渠务署于恶劣天气期间启动"紧急事故控制中心"

● 图1—8—3 "净化海港计划"布局图

● 图1—8—4 昂船洲污水处理厂鸟瞰图

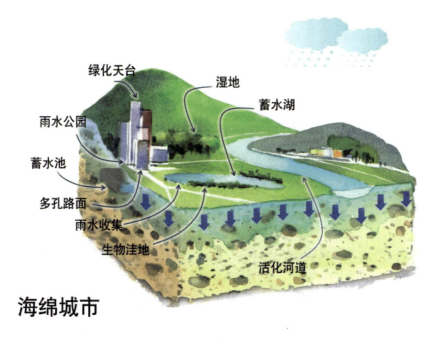

绿化天台　　湿地　　蓄水湖
雨水公园
蓄水池
多孔路面
雨水收集
生物洼地　　活化河道

海绵城市

● 图1—8—5 "海绵城市"理念——顺应自然、弹性适应

污水隧道总长达44公里，最深一段更位于海平面以下160米，是全球最深的隧道之一；而昂船洲污水处理厂的处理量，现时已提升至每日245万立方米，更在世界大型污水处理厂中名列前茅。

伴随政府多年来在污水处理方面的努力，本港水体的水质日益改善，而阔别超过30年的维港渡海泳亦已于2011年复办。我们同时亦着手推展市区的旱季截流器及修复污水干渠工程，以尽快减少残留污染物排放至维港，进一步改善水质。此外，渠务署会继续推展乡郊地区的污水收集系统工程，以进一步扩展污水处理服务的覆盖范围。

● 图1—8—6 昂坪污水处理厂内使用"再造水"养殖鱼类

蓝绿建设　持续发展

渠务署不遗余力推动香港的"蓝绿建设"。"蓝"泛指水体,"绿"则指绿化景观、减排节能;"蓝绿建设"以可持续发展的原则为本,改善市民大众的生活环境,使香港继续成为宜居城市。

在防洪方面,我们借改善工程提升排洪能力之余,利用水景、园景美化和生态概念活化河道,为社区建设绿化河道走廊,以利民

● 图1—8—7　九龙城一号污水泵房荣获香港"绿建环评"最高评级"铂金级"的认证

生，达至活水、近水、美化、绿化。展望未来，我们将会继续参照"海绵城市"的理念——顺应自然、弹性适应，以应对气候变化带来的种种挑战，同时把握机遇保育生态、活化水体。

在污水处理方面，我们积极与学术界合作，携手研发更具成本效益的处理技术，为未来筹谋。在营运设施的领域，我们积极引入创新的环保元素，利用生物气、太阳能、风能等可再生能源发电，达至减排节能；我们致力推广可持续排水系统、雨水集蓄试验，以及在厂房利用"再造水"（即加以处理的排放水）做冲厕和灌溉等非饮用用途，以善用珍贵的水资源。渠务署十分重视厂房的绿色建筑元素，九龙城一号污水泵房更于2015年荣获香港"绿建环评"最高评级"铂金级"的认证，是首个政府基建设施得此殊荣。此外，我们亦正积极研究将污水处理设施迁往岩洞，改善市民的生活环境，同时腾出珍贵土地做其他有利民生的用途。

转眼间，渠务署已服务香港市民逾二十六载；未来，我们会一如既往，秉持"以客为本、优质服务、勇于承担、群策群力"的信念，为市民提供世界级的污水和雨水处理排放服务，以促进香港的可持续发展。

（原文刊于《紫荆》2016 年 7 月号第 309 期）

香港推出积极举措发展智慧城市

香港特别行政区政府资讯科技总监　杨德斌

2016 年 4 月 13 日，香港的"智慧城市联盟"和内地的"智慧城市发展联盟"就智慧城市发展签署了谅解备忘录，打开了香港与内地合作的新一页。

香港发展智慧城市的优势

智慧城市是 21 世纪资讯及通信科技发展的新产业。世界各国积极推动建设智慧城市，以崭新科技建构环保、优质生活及可持续发展的城市新生态。

香港亦不例外。我们具备发展智慧城市基础设施的条件。香港拥有先进的资讯基建设施，本港的宽频网络几近覆盖全港所有商业及住宅楼宇，本港家庭使用宽频上网的普及程度接近 84%。香港的流动电话普及率接近 230%，属全球最高之列。政府与业界及公私营机构合作，透过"Wi-Fi.HK"计划，提供免费或设有免费使用时段的 Wi-Fi 服务，现时免费 Wi-Fi 热点已超过 17000 个。

政府亦推出公共资料入门网站"资料一线通"data.gov.hk，以数码格式发放公共资料供免费再用，现时网站提供 18 类公共资料，超过 6000 个数据集，涵盖环境、财经、气象和运输等不同范畴，以助创业者研发创新的应用程式。除超过 40 个政府部门外，中原地产、中电、港铁、香港复康会及港灯等公私营机构亦相继开放 21 个数据集。

香港发展智慧城市的轨迹

推动智慧城市的发展向来是政府的重点优先工作。智慧城市可概括为六方面：智慧经济、智慧环境、智慧生活、智慧流动、智慧公共管理及智慧人民。

政府部门和公私营机构已率先采用感应器及物联网、云端运算及流动科技等技术以改善城市生活。在智慧流动方面，运输署在繁忙的路段安装感应器，收集该处的实时交通资料。公营巴士亦开发了智能手机应用程式，让乘客可以获取巴士路线的即时讯息，令旅程更有预算；乘客亦可掌握邻近巴士站开出时间，方便登车；并有落车提示，令市民轻松写意乘搭巴士。

在智慧公共管理方面，渠务署利用智能超声波感应器探测各类水渠沙井的水位，以制定维修保养及清洁工程的优先次序，从而减低水浸的风险；同时，土木工程拓展署利用感应器监察山泥倾泻的情况，保障市民的生命安全；水务署亦会分阶段实施智管网项目，在供水管网安装感应器，持续监察水管状况，降低水管爆裂和渗漏的风险。

在智慧经济方面，在 2008 年，香港国际机场是全球首个采用无线射频识别技术（RFID）标签处理行李的机场，让机场的行李处理系统可以更准确读取行李资料，有助缩短等候行李的时间、避免行李遗失或误送，同时改善营运效率。为加强清关便利措施，香港海关与内地海关于 2016 年推行"跨境一锁计划"，透过应用同一把电子锁及全球定位系统设备，以"跨境一锁，分段监管"为原则，简化清关手续和加快货物转关流程，为业界提供无缝清关服务。

私营机构亦推出各种智慧城市应用；在促进智慧环境方面，中电于 2013 年推出"自主电能量计划"，运用物联网科技，提供用电量的实时数据，让客户可控制及减低他们家居的用电量，令生活更环保。政府亦在政府楼宇包括政府总部及立法会大楼安装电脑化能源管理系统，24 小时监察节约能源的措施，例如电灯、电梯、冷气系统的运作时间等。

在智慧生活方面，港铁自 1997 年推出"八达通"系统，采用非接触式智能卡技术，让乘客一卡在手通用各种交通工具。现在"八达通"卡的用途更广泛及多元化，可用于泊车、购物、自动贩卖机、网上商店、康乐设施及学校以及大厦的门禁系统。随着流动科技的普及，"八达通"于 2003 年推出电子钱包流动付款服务，透过近场通信技术（NFC），客户只需把附有 NFC 功能的智能电话放在"八达通"读卡器上，就能快捷方便地付款。"八达通"也会推出个人对个人（P2P）转账服务，伙拍银行提供手机应用程式过户，提供流动转账功能。为推动内地和香港两地互联互通，香港和内地合作推出"八达通·岭南通"跨境交通智能卡，便利旅客于粤港两地乘搭公共交通工具以及消费。目前，"八达通·岭南通"已可在广东省内 21 个城市使用。

智慧医疗是智慧人民的重要环节。政府电子健康记录互通系统于 2016 年 3 月正式启用，提供平台让公私营医护机构可在获得病人的同意下双向互通病历，让病人得到更佳及更适时的护理，促进公私营协作和提升医疗服务素质。还有智能家居护理设备、物联网装置和医疗复康仪器，可以改善长者生活素质，并减轻医疗系统的负担，促进健康老龄化。

香港智慧城市的发展蓝图

政府正以九龙东为试点，积极研究发展智慧城市的可行性。

另外，我们在2016—2017年度将委任顾问研究，为香港制订一个全面及长远的智慧城市发展蓝图，包括适合香港发展智慧城市的数码架构和技术标准，确保不同范畴的系统有兼容性，数据有互通性，同时亦可以保障个人隐私及系统安全。我们亦会参考内地及外国的智慧城市标准及模式，制定适合香港的措施。发展蓝图将主要包括一个整体的框架及标准、完善的资讯及通信科技设施、开放资料政策及公私营机构的合作模式。

推动智慧城市的一个重要环节是公共Wi-Fi网络的基建设施，在这方面，我们计划在未来3年内，逐步扩大免费Wi-Fi覆盖率一倍至34000个，在所有公共租住屋村及公立医院、街市、公园、休憩处、海滨长廊、旅游景点、公共交通交会处及陆路口岸，以至全港所有政府和非营利团体的青少年服务中心及自修室等，提供免费Wi-Fi。我们亦会把现时在政府场地的Wi-Fi速度逐步提升一倍，安全性也将会进一步提高。此外，我们将与公私营机构合作，扩大免费Wi-Fi的覆盖范围至人流畅旺的地方，如繁忙街道、巴士站及商场等。

大数据应用亦是智慧城市发展另一重要范畴。我们会制定大数据应用政策，研究通过公私营合作方式，鼓励公私营机构开放更多公共数据，以方便业界和市场开发便利市民的流动应用程序。公开数据越多，开发者才能结合不同资料，研发创新的应用，例如有外国城市在公开食肆卫生资料后，餐厅的卫生素质大大提高。非营利机构香港复康会现于"资料一线通"网站，公开全港无障碍设施的资料，若配合地产的物业资料，可编写应用程序，方便有需要家庭

● 图 1—9—1　政府资讯科技总监杨德斌于 4 月 13 日在互联网经济峰会上致闭幕辞

寻觅合适的居住地方。在企业方面，公开资料更可增加公司竞争力，如中电现将"电动车充电站"资料公开，若结合电动车生产商在港充电站资料，研发相应的程式予电动车驾驶人士使用，便能帮助他们更便捷地找到充电地点，同时亦可增加充电站的使用量及带动人流；以上例子足见公开资料可让市民及企业得益，并推动智慧城市的发展。

打开与内地合作的机遇

香港的创新及科技发展，不但有"一国"和"两制"的双重优势，更有国家"一带一路"的发展策略和"互联网 +"行动计划所带来的庞大机遇。加上国家"十三五"规划的港澳专章内，明确提出要发挥香港独特优势，提升香港在国家经济发展和对外开放中的地位和功能，支持香港发展经济、改善民生。凡此种种将大大拓展香港与内地的合作发展空间，有助香港发展创新和科技事业，培育新兴产业。

在发展智慧城市上，香港与内地有许多合作发展的机遇和空间，如在科技基础设施、数码技术的支援及数码架构和标准作出配合，可谓相得益彰。我们期望"一带一路"不但能开拓更多商机，亦会加速两地及"一带一路"沿路地区智慧城市的发展步伐及合作。

未来，我们会全力订下一个长远的智慧城市发展蓝图，推动各种积极措施，使香港发展成为 21 世纪的智慧城市。

（原文刊于《紫荆》2016 年 5 月号第 307 期）

第二章　经济发展

香港旅游业的持续及健康发展

原香港特别行政区政府商务及经济发展局局长　苏锦梁

香港一向是好客之都，欢迎世界各地的旅客到访。现时香港每年接待旅客超过 5600 万人次，是世界上接待最多旅客的城市之一。在这个稳固的基础上，香港特区政府正实施一系列的短、中及长期措施，确保香港旅游业的持续及长远健康发展。

旅游业是香港重要的支柱产业

旅游业是香港重要的支柱产业，占本地生产总值约 5%，提供约 27 万个工作职位。旅游业更有助于带动多个相关行业的发展，包括零售、餐饮、运输业及酒店等。

过去十年，香港整体旅客人数由 2005 年的 2336 万人次上升至2015 年的 5931 万人次，后者为前者的 2.5 倍，增长速度非常快速，同时对香港接待旅客的能力构成一定压力。不过，自 2015 年起，随着外围经济放缓，以及邻近地区的货币贬值并放宽对内地旅客的签证要求等，令本港的旅客数字出现下跌。另外，内地因应特区政府及市民的意见于 2015 年 4 月中实施"一周一行"措施，内地旅客特别是不过夜旅客减少亦属预期之内。基于市场环境及旅客消费习惯的改变，香港的旅游业进入了调整期。

面对挑战，特区政府积极应对，在 2016 年至 2017 年年度财政预算案增拨二亿四千万元推出短、中、长期措施，以减轻业界的经营成本及加强香港的吸引力和竞争力。

短、中期措施包括豁免旅行社、酒店和旅馆一年的牌照费用、扩充盛事的规模、推出崭新的宣传片以重塑香港的旅游形象及加强宣传优质诚信旅游、透过资助业界推广会展旅游及飞航邮轮旅游，以及推广香港的天然景致和独特历史文化的旅游特色。长远而言，我们会提升旅游基建。

此外，因应市场环境最新的情况，特区政府适时调整了旅游业发展策略，并从硬件及软件两方面双管齐下。我们在旅游业规划的重点，在于凸显香港别具特色的元素，增加多元化的旅游产品，目标是为香港开拓更多市场，并吸引更多高消费的过夜旅客来港游玩。

重视旅游基建　活化历史建筑

香港近年不断发展不同的新景点。多个大型景点在过去十年相继落成启用，包括昂坪 360、湿地公园及启德邮轮码头等。最近数年，我们更致力拓展文化创意旅游，文化创意旅游的新景点，例如香港动漫海滨乐园、活化的荷里活道 PMQ 元创方，便吸引不少旅客慕名前往。此外，我们亦善用维港的优美风光，着力展示其动态魅力，在中环新海滨辟设场地举办盛事；于海旁竖立巨型摩天轮，让旅客从高空俯瞰维港的美景；以及加强在维港的灯光汇演节目，配合节庆安排在尖沙咀文化中心外墙上演精彩的"闪跃维港"3D 光雕汇演，丰富旅客的体验。

展望未来，我们除了继续增添现有景点的特色，还会继续积极开拓新旅游景点。

为拓展文化创意旅游，政府已计划把原址前身为"孔圣义学"的建筑物，活化为"大坑火龙文化馆"，届时旅客在 2019 年，除了在中秋节舞火龙期间在现场观看表演，亦可到"大坑火龙文化馆"感受传统节庆的热闹。我们会丰富孙中山史迹径的内容，并结合 PMQ 元创方，把中西区塑造为融合古今历史并焕发艺术气息的社区，加上陆续开幕的西九文化区的公共空间、戏曲中心及 M＋视觉艺术博物馆，将成为香港别具特色的文化旅游景点。

主题乐园方面亦会增添新猷。海洋公园现正全力发展全天候的水上乐园以及两间新酒店，预计于 2018 年至 2020 年陆续落成。香港迪士尼乐园在 2016 年 6 月推出了一系列以"星球大战"为主题的新项目；而以动漫人物"铁甲奇侠"为主题的新园区已于 2017 年 1 月正式开幕。此外，以探索冒险为主题的度假式新酒店"迪士尼探索家度假酒店"亦于 2017 年 4 月底正式营运。我们会继续推展香港迪上尼乐园的扩建及发展计划，以期在未来数年为乐园带来更多新娱乐项目。

举办大型盛事　吸引更多旅客

除了各具特色的景点外，我们亦十分重视大型盛事。特区政府拨款支持香港旅游发展局（旅游局）举办不同类型的盛事，包括广受旅客欢迎的除夕倒数、新春花车巡游、龙舟嘉年华等。

在 2016 年，我们首次以"香港动感十月"为主题，由旅发局主办的"香港单车节"揭开序幕，连同以香港作为 2016/2017 季度的首个赛站的"国际汽联电动方程式赛车锦标赛"皆成为国际盛事、全城热门话题，反应非常热烈。此外，亦有香港网球公开赛等，让旅客感受亚洲盛事之都的动感活力。

● 图 2—1—1 于维多利亚港举办的香港龙舟嘉年华，不单能展示维港的壮丽，同时能凸显香港庆祝传统节庆热闹的一面

荟萃中外佳肴　推行美食车先导计划

香港汇集环球美馔佳酿，除了有风味绝佳的地道美食，还有超过 230 间获得米芝莲星级评级和推荐的餐厅；在全球百间获最高三星评级的餐厅中，便有 6 间落户香港。为宣扬香港的美食品牌，旅发局每年举办"香港美酒佳肴巡礼"，在 2016 年更把规模扩大，让旅客完全投入品尝满载创意和道地风味的舌尖盛宴。

此外，为香港的旅游景点和盛事增添吸引力，我们推行美食车先导计划，16 部美食车自 2017 年 2 月初陆续进驻 8 个指定旅游点，即湾仔金紫荆广场、中环海滨活动空间、海洋公园的园外位置、尖沙咀梳士巴利公园、尖沙咀艺术广场、起动九龙东一号场、黄大仙祠旁的黄大仙广场，以及香港迪士尼乐园的园外位置。旅客可品尝

● 图 2—1—2　香港世界地质公园西贡桥咀洲一角

美食车提供的特色招牌菜之余，还可感受香港对食品安全卫生的严格要求。

加强多媒体推广　协助景点拓展海外宣传

除了丰富旅游内容外，对外宣传亦至关重要。旅发局利用政府增拨的资源，推出全新旅游品牌计划"尽享·最香港"，分别以美食夜生活、自然美景、时尚娱乐及艺术，以及家庭旅游等主题制作了 4 部宣传短片，在内地及不同客源市场内超过 50 家电视台及数码媒体广播，配合一系列公关宣传活动和多媒体推广，宣传香港多元化的旅游体验。此外，特区政府透过旅游局推出"旅游景点海外推广宣传配对基金资助计划"，协助景点拓展海外宣传，反映理想。

● 图2—1—3　香港美酒佳肴巡礼设有逾430个美酒美食摊位，吸引超过14万旅客和市民进场

● 图2—1—4　香港迪士尼乐园将于2017年1月11日正式推出以动漫人物"铁甲奇侠"为主题的新园区，而以探索冒险为主题的度假式新酒店亦预计于2017年上半年启用

● 图 2—1—5　海洋公园

● 图 2—1—6　海洋公园将推出全天候的水上乐园以及两间新酒店，预计于 2017 年至 2020 年陆续落成

把握"一带一路"机遇　推广"一程多站"旅游

把握"一带一路"的机遇，我们与内地各省市，特别是泛珠三角区域和澳门，合作推广"一程多站"旅游产品，以吸引"一带一路"沿线国家的旅客。

例如，我们在 2015 年 12 月与广西壮族自治区旅游发展委员会签订了旅游合作协议书，两地同意在"一带一路"的区域合作基础上，共同策划推广"一程多站"旅游产品和线路。

旅游提振措施初见成效　继续拨款发展旅游业

上文所提述在 2016 年至 2017 年度推行的短、中和长期规划措施和宣传策略，已初见成效。整体访港旅客人次于 2016 年第四季按年微升 0.4%，当中过夜旅客更增加 2.4%。全年计，整体访港旅客数字为 5665 万人次；短途市场的访港旅客人次上升 3.4%，而当中来自东南亚的访客数字更取得 6.7% 的增幅。此外，过夜会展旅客人次在 2016 年年内亦增加约 10%。踏入 2017 年，整体访港旅客人次首两月合计按年温和增长 1.4%，当中内地旅客及非内地旅客人次均取得升幅，反映出香港作为旅游目的地仍颇具吸引力。

在 2017 年至 2018 年度，特区政府会增拨额外二亿四千三百万元支持发展旅游业。我们会继续优化香港旅游的内容和宣传策略，包括支持本地盛事、资助会展旅游和邮轮旅游活动，并与业界携手合作，进一步推广旅游产品多元化，令旅客感受到香港有独特的旅游体验，以及是一个物有所值的旅游目的地，继续发挥香港作为热门旅游目的地的魅力。

（原文刊于《紫荆》2017 年 7 月号第 315 期）

巩固传统产业优势　发掘新兴行业潜力

——访商务及经济发展局局长苏锦梁

高　峰

近期，中共中央政治局常委、全国人大常委会委员长张德江表示，香港一些经济优势开始失去，各界应该高度警觉，并谓发展经济是香港现时首要任务，也是解决民生问题的方法，否则一切只是空谈。这一论述，引起香港各界的关注与深思：如何重振香港经济优势？就此相关问题，本刊专访了商务及经济发展局局长苏锦梁先生。

传统行业是经济发展主动力

记者：香港的经济优势一直为人称道，它成功的关键是什么？主要表现在哪些方面？

苏锦梁：香港是一个高度外向、出口主导的经济体系。自由及开放的经济发展环境是香港成功的关键，而我们一直维持良好的法治、稳健的规管架构、一流的基础设施，并审慎管理公共开支，让企业家、投资者、外来人才及普罗市民自由营商、投资、就业及持续发展。

财政司司长曾俊华于《政府财政预算案》中提述，传统支柱行业是香港经济发展的主要动力，在国际上拥有明显的优势和竞争力，因此我们必须扩大和深化支柱产业的优势，保持香港的竞争力。现时，四大支柱产业，包括贸易和物流业、旅游业、金融业和工商及专业服务。

记者：四大支柱产业的重要性不言而喻，它们不仅是过去香港经济的主要推动力，而且关乎香港经济发展的未来。如何进一步发挥它们的优势？有哪些具体的举措？

苏锦梁：在贸易和物流业方面，政府已预留土地供业界发展现代化物流设施；增拨资源，鼓励更多公司参加香港海关现行的"香港认可经济营运商计划"；探讨如何善用现有港口设施以及继续推动运输基建的发展。政府亦会协助本港企业开拓新市场，包括东南亚及"金砖五国"。

在旅游业方面，为确保行业健康发展，政府会协助海洋公园及迪士尼乐园的进一步发展，并为启德邮轮码头的启用全力作出准备，及与业界探讨航线开发和区域合作事宜，以巩固香港作为区内邮轮枢纽的地位。我们亦会鼓励增加酒店供应及提升服务素质，并争取在港举办更多盛事。

在金融业方面，政府会促进业务和产品的多元化，包括进一步发展基金及资产管理业；推动债券市场的持续发展，及提升香港发展伊斯兰金融业务的竞争力。

至于工商及专业服务，我们会继续透过有关的"G2G"平台，协助业界把握商机。例如政府一直致力透过《内地与香港关于建立更紧密经贸关系的安排》（CEPA）协助本港服务业包括工商和专业服务以优惠待遇进入内地市场。

发掘具增长潜力的新兴行业

记者：随着经济逐渐走上转型时期，香港经济发展优势近来有弱化趋向，如何应对这一转型？在传统的支柱行业之外，香港应该有什么作为？

苏锦梁：建基于以上优质的基础，行政长官梁振英在其《施政报告》中提到，为了促进经济可持续发展，政府要"适度有为"，并要积极把握环球经济重心东移及内地经济因应"十二五"规划的发展大潮所带来的机遇。就此，正如财政司司长在《政府财政预算案》中强调，我们一方面会致力巩固传统支柱行业的优势，扩大行业的深度阔度；同时会发掘具增长潜力的新兴行业，扩大香港的经济基础，以达到长远可持续发展；另一方面，我们也会促进跟内地的经济融合，把握好内地市场发展的机遇。

故此，特区政府会积极为具潜力的行业提供适当的扶助，让它们能够茁壮成长，当中会支持文化及创意产业开拓更多商机及市场；鼓励将科技研发成果转化为具市场潜力的商品，结合工业生产，以对香港经济作出更大的贡献。

记者：新兴行业的发展有赖于建立良好的企业发展环境，尤其是给中小企业提供更多的便利优惠，因为它们在新兴行业发展中有更灵活的姿态和更强劲的动力。

苏锦梁：至于中小企业，我们已将"中小企融资担保计划"下"特别优惠措施"的申请期延长一年至 2014 年 2 月底，及建议将"中小企业市场推广基金"下每家中小企业的累计资助上限，在符合额外条件下，由 15 万元增加至 20 万元。由 2013 年 3 月 1 日起，香港出口信用保险局为每年营业额少于 5000 万元的香港企业推出"小营业额保单"计划，为出口商的投保增加灵活性。

另外，我们会继续透过 2012 年 6 月推出总值 10 亿元的专项基金，协助香港企业升级转型、发展品牌和拓展内销市场。为加大力度协助更多香港企业（特别是中小企）进军内地市场，香港贸易发展局会在北京及广州以外的内地城市开设更多"香港设计廊",提供平台让香港企业展销产品。

着眼未来的整体策略与架构

记者：着眼未来，香港特区政府对香港经济发展有什么样的长远规划和愿景？在整体策略和政府架构上有哪些动作？

苏锦梁：行政长官已成立由他亲自领导的经济发展委员会，高层次、跨部门、跨界别地研究如何用好香港固有的优厚条件和国家给香港的机遇；并着力研究拓宽经济基础，促进长远发展的整体策略和政策，检视有助经济进一步发展的行业，以及提议扶助相关产业发展所需的政策和支援措施。另外，行政长官亦成立了金融发展局，以高层次、跨界别的角度就如何推动金融业发展和强化香港的国际金融中心地位，向政府提供意见及建议。

我们相信透过现有的具体措施及高层次咨询组织向政府提供的意见及建议，能有效地巩固香港优势产业的持续发展。

（原文刊于《紫荆》2013 年 6 月号第 272 期）

提供优质高效服务　打造良好营商环境

原香港特别行政区政府破产管理署署长　黄小云

破产管理署是香港特区政府财经事务及库务局辖下的一个部门，负责处理经法院颁布破产令或清盘令的个案。秉承政府一贯服务市民的精神，破产管理署致力于确保香港能够提供符合国际标准的高素质破产及清盘服务，而相关的破产法例及公司清盘法例亦能与时并进，以配合香港位于主要金融中心前列位置的目标。

破产管理署的使命

香港作为国际金融中心，企业的诞生、成长、发展，以及不得不破产或清盘，都有一套成熟的系统。当破产管理署署长获委任为受托人或清盘人，其领导的破产管理署便须提供高水平的破产及清盘服务，并有效地监察私营机构清盘／破产从业员的行为操守。为履行使命，破产管理署致力于开展以下工作。

一是尽快和有效地保护破产人或无力偿债公司的资产及将其资产变现；裁定债权人的债权及将变现所得款项分发给债权人。

二是调查破产人和无力偿债公司的董事与高级职员的行为操守及有关事务。

三是在适当情况下，采取行动检控无力偿还债项的违例人士和申请取消个别人士出任公司董事的资格。

四是确保私营机构清盘 / 破产从业员尽速有效地执行职务，并在有需要时，就那些在处理个案时有疏忽或作出欺诈行为的从业员采取行动，其中包括进行取消其资格的程序。

五是确保强制清盘案和自动清盘案中所有私营机构清盘 / 破产从业员在规定的期限内，尽快将款项存入公司清盘账户，并管理上述款项的投资事宜。

六是不时检讨有关破产及清盘案的政策、法例和程序，并在这些方面提出一些必需的修订。

破产管理署扮演的角色

破产管理署主要有五方面的职责。

一是当法院及债权人委任破产管理署署长为受托人或清盘人时，提供清盘 / 破产管理服务；把破产人及无力偿债公司的资产变现；调查及裁定债权人的申索；分发摊还债款。

二是调查破产人和无力偿债公司董事及高级职员的有关事务；向法院报告公司经营失败的原因，以及就触犯无力偿债罪行的人士提出检控。

三是监察私营机构清盘 / 破产从业员的行为操守；把变现资产所得的款项投资；审核账目及调查针对清盘人及受托人的投诉。

四是检讨与无力偿债问题有关的法律、政策及程序和提出修订建议，并与处理无力偿债事宜的国际机构保持联系。

五是为涉及无力偿债问题的其他政府部门及法定团体提供支援。

为了向债权人及市民提供有效率的破产及清盘服务，破产管理署成立了五个部门，分别为个案处理部、法律事务部1、法律事务部2、财务部及行政部。每个部门虽肩负不同的职责，但仍需互相配合，才能有效地发挥其职能。

其中个案处理部负责破产及清盘管理的工作，包括变现资产；裁定债权人的申索；派发债款；调查破产或清盘的原因、破产人的操守及事务或无力偿债公司的事务；执行有关清盘及破产事宜的条例；以及监察私营机构清盘／破产从业员的操守。

法律事务部1负责就破产或清盘案中任何有关破产或清盘案财产的管理事宜提供法律意见，包括出席法院聆讯。法律事务部2则调查及检控触犯无力偿债罪行的人士，以及向法院申请取消公司董事、清盘人及接管人的资格。此外，法律事务部2亦负责立法工作。

财务部的主要职务包括对破产或清盘案进行财务及会计调查；对外间清盘人提交的账目进行法定的核数工作；管理破产或清盘案财产账户的款项，并为其安排投资事宜以及监管外间清盘人。行政部的主要职务是提供一般行政支援及翻译服务；安排储存及检索就破产或清盘案检取回来的文件以及执行人力资源管理的职务。

与时俱进提供更加优质服务

破产管理署自成立以来一直担负着大量工作，特别是2002年由于经济下滑等各种原因，法院发出的破产令数目大幅增加至25328宗，数字创新高。其后，经济环境有所改善，破产令的数字从2009年全球金融海啸后的16157宗回落至每年约10000宗。相对于破产案，清盘案的数目则变化比较少，近五年由法院发出的清盘令数目每年大约300宗。

随着香港破产及清盘条例的修订，破产管理署的工作也出现一些调整，面临新挑战。《2016 年破产（修订）条例》将于 2016 年 11 月 1 日生效。修订条例规定破产人须出席与受托人的初次会面，并向受托人提供关于其事务、交易及财产的资料，否则法院可应受托人的申请，颁令不开始计算为期四年的破产期，直至破产人遵守该命令所订明的相关条款。

《公司（清盘及杂项条文）（修订）条例》（以下简称"公司清盘修订条例"）于 2016 年 5 月 27 日获立法会通过，并于 2016 年 6 月 3 日刊宪。有关修订旨在借鉴相关的国际经验，精简和理顺公司清盘程序，并加强有关清盘程序的监管和更具效率地管理清盘程序，以期加强对债权人的保障。公司清盘修订条例将由财经事务及库务局局长以宪报公告指定的日期起实施。

展望未来，破产管理署定当继续尽其所能，实践使命，为香港提供最优质的破产及清盘服务，并协助香港打造一个和谐稳定的营商环境。

（原文刊于《紫荆》2016 年 8 月号第 310 期）

贸发局三大策略助行业获商机

许上福

刚担任香港贸发局首位女性总裁的方舜文在接受本刊访问时指出，虽然整体营商环境存在不少挑战，但仍然危中有机，会循三大方向助行业发展。

作为香港的四大支柱产业之一，贸易及物流业在 2014 年受到各种因素挑战，但总体表现仍然向好。1 月至 9 月，香港货物出口增长按年上升 3.9%，达 3465 亿美元，基本符合全年增长水平的预计。据政府 11 月发布的最新物流数据，1 月至 8 月，香港货柜进出口总吞吐量达 1505.7 万个标准箱，出口达 741.8 万个标准箱，比上年增长 4.4%。

整体营商环境危中有机

但据贸发局的数字显示，2014 年体现香港出口信心的出口指数仍不稳定，以 50 为衡量线的出口指数统计，一、二季由 2013 年第四季反弹稍显稳定后，第三季又再次滑落至 41.7 的水平；运输及房屋局的港口运输统计也显示，出口货运量增长远低于进口货运量的增长，相差 14.5%。

这是由于 2014 年世界发达经济体经济增长乏力，各国纷纷组成贸易集团，再加上地缘政治形势紧张、商品能源价格下跌，以及周边贸易和物流业的竞争等因素，令香港贸易和物流业增长受到影响。也由于经济前景受"占中"行动的阴霾影响，出口增长缓慢。

对此，香港贸发局首位女性总裁方舜文在接受本刊访问时表示，贸发局会在拓展环球商机、巩固亚洲枢纽和提升中小企业竞争力三大策略性方向上，协助港商创造商机。

贸易商出口信心感受不同

贸易及物流业是香港重要的支柱产业，对香港经济有重要的贡献度。据统计，行业产值占香港 GDP 的 1/4，就业人口则达 77 万人，占香港总就业人口的 20%，是四个支柱行业之冠，对香港经济和民生都有重要影响。

特区政府高度重视贸易及物流业的发展，特首梁振英在 2014 年度的《施政报告》中专门提到推动行业发展的举措，包括会在海外和内地增设经贸办事处，开拓新兴市场，又与东盟展开自由贸易协定的谈判；又会发展优质及国际化的航运服务，促进向高增值航运服务方向发展。

政府和社会对贸易及物流业的支持，令行业对 2014 年的表现充满憧憬，于年初预测香港出口总值将增长 5.5%，出口量则增长 3.5%。而上年两者的增幅是 3.5% 及 2.5%。

但反映在具体贸易商的出口指数，感受却不尽相同。贸发局每季推出以 50 为衡量差别的指数统计表，反映香港贸易商现时的出口表现及短期前景。进入 2014 年第一季，香港出口指数由上年第四季的 38.5 点迅速反弹近 10 个点至 48.1 点，但进入第三季则滑落至 41.7 点，显示香港出口商信心有所转弱，特别是珠宝、钟表及机械等指数下跌至 40 点以下。但玩具及电子产品出口商的悲观情绪较淡，特别是玩具有两季进入贸易价值指数排行榜的前列，表明香港玩具出口朝着高附加值方向发展。

另外，令人鼓舞的是，香港的离岸贸易指数连续三季上升，由首季的 41 点上升至第三季的 50.7 点，出口商对离岸贸易（非经香港付运但由香港贸易商处理的贸易）的表现持乐观态度。

本地出口商品备受挑战

展望前景，香港贸易和物流业有理由感到信心。就在 11 月 18 日贸发局与香港特区政府合办的第四届"亚洲物流及航运会议"上，梁振英表示，香港拥有无可取代的优势，扮演着联系中国及世界市场的超级联系人角色；国家"十二五"规划，明确支持香港发展物流业、巩固和提升香港国际航运中心地位；"东盟—香港自由贸易协定"已展开正式谈判，有关协定将有助于香港进一步加强与亚洲国家的经济联系。

事实上，香港发展贸易和物流业有许多得天独厚的优势，香港拥有战略性的区域位置、自由港政策、优良基建、高效率通关及透明法律体系，有全球最繁忙的国际货运机场和货柜港，使香港成为重要的国际商贸平台和货物转运中心，近年更发展为区域物流配送中心。

香港地区配送中心与零售业务有关的商品较多，如电子、成衣等高价值商品，今后可以在高价值商品如奢侈消费品、葡萄酒、药品等方面，发掘更多市场潜力。

香港又是地区总部或代表办事处的热门地点。截至 2014 年 6 月，香港共有 3784 家地区总部和地区办事处，在香港的地区总部和地区办事处有一半多（52%）是开展进出口贸易、批发及零售业，有 12% 从事金融及银行业，7% 开展运输、仓库及速递服务业。可以说，多数都涉足贸易和物流业。

香港又是亚太区重要的银行和金融中心。截至 2013 年年底，香港共有 201 家认可机构，为国际贸易融资提供的贷款总额达 710 亿美元。

但香港贸易商面临的挑战也是严峻的，以香港的六大出口商品，即电子产品、服装、玩具、珠宝、钟表、机械为例，影音产品如大屏幕电视机及数码照相机，继续面对激烈的市场竞争，家用电器供应商则面对内地制造商的挑战。

服装方面，来自新兴生产基地如孟加拉国、印度尼西亚、越南、柬埔寨和缅甸的竞争日益激烈，亦为市场带来新挑战。玩具方面，由于海外有关玩具安全的严格监管法规，香港玩具业比服装业面临亚洲其他竞争对手的威胁较小些。至于钟表，就低档市场而论，来自内地供应商的竞争会影响香港钟表产品的出口前景。珠宝首饰出口商也须应付宝石及贵金属价格波动难测的挑战。

另外，还有许多问题依然令人忧虑。香港出口前景面对的最大威胁，是欧元区经济仍未摆脱困境，财政状况仍然不理想；贸易保护主义也会阻碍香港的出口前景。随着区域贸易协定持续增加，产生的规例越来越多，出口商更加难以适应。另外中日双边关系没有明显改善，其负面效应亦有很大机会蔓延至区域供应链，影响香港的转口活动。

但展望 2014 年全年和今后，中国内地制造业正在转型升级，出口更多高增值产品。经济增长也转为由消费拉动，对进口消费品需求上升。而新兴经济体对中国产品也有很多需求。在这种趋势下，中国内地以至整个亚洲地区对香港都会需要更多的进出口和配送服务要求。

三大方面助拓展商机

方舜文总裁指出，纵然整体营商环境存在不少挑战，但相信"危中有机"，港商可拓展传统及新兴市场，力争价值链上游，善用资讯科技以及进一步增加专业服务商机。贸发局亦会在这三大方面配合，推动行业发展。

一是全方位开拓环球商机，着力推动产品及服务贸易，带领港商开拓新市场。未来一两年，贸发局将以不同地区的枢纽为据点，向邻近市场辐射。例如在东盟地区以印度尼西亚为重点，中亚以土耳其为重点，中东则以迪拜为重点等。

同样策略亦适用于成熟市场，如美国以纽约、芝加哥、洛杉矶为重点；欧洲以法兰克福为重点等。而此一策略不仅为推广产品贸易，服务贸易亦包括在内。

二是推广香港服务业，巩固香港为亚洲枢纽之地位。一方面，助内地或亚洲企业进军海外；另一方面，助海外企业打入亚洲，特别是中国内地市场。贸发局除了举办大型论坛推广香港服务业外，亦透过每年在香港举办的三十多个贸易展览，吸引世界各地参展商及买家来港。

为把香港建构成亚洲枢纽，还将在 2013 年 12 月推出的"亚洲知识产权交易平台"（Asia IP Exchange）的基础上，积极推动知识产权贸易。

三是善用资讯科技，提升中小企业竞争力。会为中小企业提供更多元化的服务，透过展览会、商贸配对、外访团、研讨会、研究刊物、中小企业服务中心等，为中小企业提供最新的市场和行业资讯，以及崭新的支援服务；同时结合贸发局在香港、内地及海外办事处的努力，更好地推广香港的优势，促进产品和服务贸易，为香港中小企业缔造更多商机。

（原文刊于《紫荆》2014 年 12 月号第 290 期）

狮子山下的今日"大班"

卫 青

2013 年 9 月初，时任香港劳工及福利局局长的张建宗出席由香港青年企业家协会组织的"与大班对话"时，盛赞香港青年企业家协会是"一个凝聚创业家的组织"。据了解，这个协会自回归以来吸引近 100 个不同行业、专业的企业家成为会员，堪称今日"大班"；而这些精英所在的机构向社会聘请 14.7 万名雇员，几乎与雇用 16 万公务员的特区政府持平。

昔时洋人"大班"高高在上

"大班"这个词，源自 1841 年英国占据香港时，对随后到香港营商的十二三家英资商行和银行经理的称谓。

几乎所有香港人都知道，在香港岛南面这个属传统豪宅区地带的石澳道和大浪湾道，坐落着 22 间接近 90 年历史的石澳大班屋。在 20 世纪 70 年代以前，这里全是怡和、汇丰、太古及会德丰大班的屋邸。

在港英当局管治的年代，由会德丰、怡和、和黄、太古合称的四大英资商行，其最高话事人，俗称"大班"的少数外籍精英，基本垄断了香港政治和经济的发展命脉。其时英资洋行"大班"必定是英国人，本地华人绝不能觊觎。

洋行"大班"们受港英当局的重视程度，从公职的委任可见一斑。当时社会上流行一种说法，就是"香港的管治权力，依次序由马会、怡和洋行、汇丰银行及总督所掌握"。例如：曾参与创办九龙仓、置地、大酒店、香港电灯、中华电力、香港小轮的英商保罗·渣打是多届行政、立法局议员；怡和、汇丰、太古等主要英资财团的高层多是行政、立法局议员；曾任太古主席的彭励治担任港英政府财政司司长。

正因为如此，"大班"这个词语给香港普罗市民的感觉是高高在上，非我族类。是郑海泉于 2005 年接替艾尔敦，出任汇丰银行亚太区主席，才打破汇丰银行 150 年来都是以英国人为"大班"的传统，也成为香港首位华人"大班"。

郑海泉凭借自己的努力，成为从汇丰首席经济研究员，做到汇丰董事总经理并最后成为汇丰亚太区主席，谱写了一个"狮子山下的奋斗故事"。2005 年，郑海泉获特区政府颁授金紫荆星章，2008 年获中央委任为第十一届全国政协委员及北京市政协高级顾问。

八九十年代华人"大班"崛起

郑海泉打破了"大班"之位非华人不可染指的神话。如今，当年的四大老牌洋行有一半属于华资，那一排 22 座石澳大班屋，陆续有地位显赫的本港老牌家族及商人购入，2009 年更首度有内地富豪进驻，到了现在，仅约不足 1/4 仍由英资洋行持有。

当年四大英资洋行之一的会德丰，20 世纪 80 年代由香港船王包玉刚收购。现时的会德丰由包玉刚二女婿吴光正担任董事会主席，业务涵盖贸易、地产、融资及商业服务、酒店经营等。在会德丰 2013 年的业绩记者会上，吴光正之子，现年 35 岁的吴宗权首次以常务董事身份亮相，展现了会德丰"未来大班"的风范。

当年知名的和记洋行和黄埔商行由英资经营一百多年，于 1977 年由祈德尊爵士合并为和黄集团，两年之后，香港崛起的华资李嘉诚即入股 22%，如今李嘉诚领导的长江实业已持有和黄集团 49.9% 的股份，成为和黄最大的股东。李嘉诚及长子李泽钜任主席、副主席，霍建宁任董事总经理，三人同为执行董事，是和黄换了旗号后的名副其实的"大班"。

进入 20 世纪八九十年代，香港的经济势力重新划分，一批香港本地的华资趁着产业转移和房地产业兴起，一跃成为香港的行业龙头老大。凭地产和公用事业奠定地位的有"新鸿基"郭氏家族和"恒基"李兆基，凭珠宝百货和地产打天下的"新世界"郑裕彤，凭博彩业和海上客运名振港澳的"澳娱"何鸿燊，以及几乎垄断香港影视演艺的"无线"邵逸夫。

这是一批德高望重的"大班"。另外，中生代大亨如"华置"刘銮雄、"英皇"杨受成和"恒隆"陈启宗等，会合组成香港本地崛起的"大班"，成为香港"狮子山下"精神的典范。

值得一提的是，香港本地华资二代在第一辈创业的基础上，不仅守业，还努力开拓，

● 图 2—5—1 时任香港中华厂商会会长、香港恒通集团董事总经理施荣怀

将家族事业发扬光大。杰出的代表有霍英东集团的董事总经理霍震寰、恒基集团副主席李家杰，以及金利来集团的曾智明、恒通集团的施荣怀等。这些企业帅才有不少在香港重要商会担任过领军职务，如霍震寰曾任香港中华总商会会长，施荣怀曾任香港中华厂商会会长。

当代"大班"由青年担纲

而今天香港又涌现出一班青年企业家，对"大班"给予另一种诠释。他们既非洋人，也非华资二代，是靠自身努力，向上实现了社会流动。

9月初，邀请劳工及福利局局长张建宗见面的"香港青年企业家协会"，其会员有不少就是凭借"食脑"创业成功的。协会会员、见面会主持人蔡宝健就是其中一员。30岁出头的他就已经成为亿万"大班"。他是香港 Banner SHOP 的创办人、跨国易拉架大王，除了在香港有生产基地，在悉尼、墨尔本、伦敦和新加坡都有分支。

灵活的头脑加上敢做敢拼，蔡宝健诠释了新一代企业家的"狮子山下"精神。事实上，类似蔡宝健这样的"青年大班"，不仅在香港青年企业家协会，在香港青年联会、香港菁英会，以及各大商会的青年委员会中，都能找到不少。

香港青年联会是香港老牌的青年组织，有21年的历史，其挂帅人物现在皆成香港商界中坚，如王敏刚、李秀恒、龙子明等，他们均是白手兴家，创下不俗事业。

而创建于2007年的香港菁英会，在短短6年间已经凝聚了五百多名社会精英和成功人士，主要是香港各界青年企业家、专业人士、青年社团领袖和骨干。他们中不乏对香港经济发展具有影响力的"富二代"接班人，但亦有不少是一步一个脚印，靠自己打拼，成功上位的。如第二任主席白富鸿在食品行业铺设广阔网络，第三任主席洪为民则在资讯科技行业闯出一片天空。身为香港互联网专业协会会长的他，在香港选举委员会资讯科技界界别中成功占有一席之地。

从"40后"的郑海泉、到"80后"的蔡宝健；从香港青年联会到香港菁英会，再到青年企业家协会；不管是"打工"，是传承家业，或是创业，所有人都用自身的经历，接力编写着"香港故事"的续篇，诉说着"狮子山下"的精神，不管在香港哪个时代，从来都没有消失。今天香港贫富悬殊，社会向上流动困难，一方面需要政府打破束缚，帮助年轻人上位；另一方面，青年人亦需要向前辈和当代"青年大班"学习，自强不息，最终方有出头天。

（原文刊于《紫荆》2013年10月号第276期）

港富豪持农地开发　潜力不俗

珊　珊

2013 年 6 月初，人称"四叔"的恒基地产主席李兆基宣布捐出一块位于新界粉岭的私人农地，兴建每个单位 100 万元（港元，下同）的平价楼，以图解决上万年轻人及蜗居族的上车问题。唯事件最后被社会解读成"官商勾结"，政府最终没有接受李兆基的捐地方案，更建议李兆基与非营利机构合作。事情虽然由此告一段落，然而好事成空，让人唏嘘不已。

23 万人轮候入公屋

李兆基是香港持有最多新界农地的地产大亨。在未被政府拒绝之前，他曾指出，捐地的目标是捐出可建 1 万个住宅单位的农地，期望令 2 万至 3 万人受惠。与政府"2013 年施政报告"所提的 2013 年至 2018 年 10 万个房屋兴建目标比较，即每年平均提供 2 万个单位，李兆基计划捐出农地盖的住宅单位，相当于政府半年的目标供应量。

据特区政府统计，截至 2013 年 3 月底，轮候公屋的人数为 23 万人，创下历史新高。同时根据香港集思会"香港住屋需求推算（2013—2022）"的研究报告，按目前轮候公屋的人数及未来全港新增住户人数推算，2013 年至 2017 年期间，每年公屋单位供应应达到 30600 个，以及 2018 年至 2022 年，更应增加至每年 32200 个，方能满足需求。

这个数字尚未计算未能符合轮候公屋资格但有迫切住屋需求的上车人士，例如新移民及外地人才及来港大专学生，亦没考虑住户分拆等对家庭单位计算的影响。若综合计算，2013 年至 2017 年期间，每年供应量应达到 43100 个，2018 年至 2022 年，更应增加至每年 45300 个，相当于政府"2013 年施政报告"中的平均两年兴建量，换言之，如香港家庭及单位数量按上文报告中所指的话，政府的五年房屋规划，市场只需花两年半的时间便可以完全消化，楼市存在严重供不应求的情况。

值得一提的是，在新增轮候公屋者中，有接近三成为年轻的单身人士，这个情况的出现，是由于年轻一代恐未能负担买楼的费用，在年满 18 岁后即入纸申请公屋，即使单身人士轮候时间较家

● 图 2—6—1　李兆基提出捐地给年轻人建一万套细价楼，但被政府拒绝

庭组合为长，但一般五至十年后便可获得分配单位，届时亦未足30岁便可"拥有"一层物业，于是申请公屋才吸引年轻人进场。

实际上，即使计及李兆基所捐出的农地，仍然未能满足香港的住屋需求。

李兆基捐地"好事"落空，有分析指是其提出的时间和地点，刚好碰上政府有意发展新界东北，难免被人质疑是借此影响政府新界土地发展政策。富豪捐地，由政府负责发展，兴建各项基建配套设施，明显会令地产商手上的土地储备升值，这种"界外利益"将远远大于捐地的价值。

因此，有建议说，李兆基捐出农地，如果是不附带任何条件，由政府全权决定土地用途，则会顺畅得多。即使是用作兴建住宅，亦应由政府按照既定政策和程序，根据市民需要和负担能力，兴建合适的单位去满足市民需要。

四大富豪拥有新界发展筹码

各界对李兆基捐地一事赞好，全因为心态上觉得始终"有好过无"，其一是认为有助于增加市场供应；其二是李兆基表明，他所捐出的农地要起的楼都属100万元的细价楼，并且销售对象为年轻人，市场认为此举不但可令更多未能符合轮候公屋的准买家完成上车心愿，同时有望减少申请公屋的单身年轻人士的人数，有助于缩短公屋轮候时间；更进一步的是，如果李兆基捐地成功，或会引发社会要求其余三大发展商效法李兆基的做法，齐齐捐地，届时所捐出的农地兴建成住宅，又岂止李兆基原本计划的1万个单位。

香港"寸金尺土"，政府近年积极推动"南生围发展计划""新界东北发展计划"等，新界的农地可谓是本港土地供应的主要来源之一。无论是政府还是四大地产发展商都有大量的农地储备，计及政府与四大地产发展商持有的土地面积达 20181 万平方英尺。

根据各大发展商 2012 年度的年报显示，李兆基的恒基地产持有最多新界区的农地，共持有 4280 万平方英尺农地，主要分布于古洞北、洪水桥、坪輋、乌雅落阳斜、元朗和生围、南生围；郭氏兄弟的新鸿基地产持有逾 2700 万平方英尺农地，主要位于铁路沿线，其中大部分现正处于更改土地用途的不同阶段；郑裕彤的新世界发展持有约 1870 万平方英尺农地，主要分布于元朗、粉岭、沙田、上水、西贡及屯门。至于李嘉诚的长江实业亦持有新界农地，部分农地现正进行不同阶段之规划设计及作出有关申请。在各发展商的农地中，恒基地产持有的古洞北，正好就是政府新界东北发展规划中，计划会先行发展的地段之一。

近年政府锐意发展新界郊区及新市镇用地。政府从 2014 年开始基建工程，为新市镇的发展打下基础，2018 年深圳的莲塘口岸启用之后，香港东北新市镇就可以成形，届时新界农地的投资价值就能体现出来。因此，发展商跃跃欲试，希望能带起开发的势头。

公众期望大地主多回馈社会

过往新市镇发展亦容许以契约修订形式，包括原址换地，发展个别私人项目，成功例子包括荃湾的荃湾中心及荃威花园、沙田的帝堡城、屯门的东威阁、将军澳的维景湾畔、元朗的朗晴居、粉岭／上水的海联广场等。所以发展商与政府个别合作以发展新界农地，也是有先例可循，并非新鲜事。

唯富豪捐地一事，社会有期望也好，有疑虑也好，政府在新界新市镇发展上的确是有多方面的考虑，并非纯粹转换发展用途

● 图 2—6—2　除李兆基在新界持有最多农地外，郑裕彤的新世界发展排第三，持有约 1870 万平方英尺农地

兴建住宅就行，尚有考虑交通、日常生活需求、学校、娱乐设施、绿化环保等多项新社区因素。从长远发展来说，政府不想被发展商牵着鼻子走。

但撇开中长期发展规划，急港人住房窘迫之所急，政府应多些即时改善供应措施出台。除了增加土地以增建公屋外，在政策上例如提高公屋申请人的资产及入息限额，撤销非长者一人"配额及计分制"、正视青年住屋需要以增建细价单位，协助上车，以及长远推行非商品化房屋，相信亦是有效且能进一步帮助解决目前的房屋问题。

与此同时，若然大地主有意回馈社会，政府如无计划合作，拥有众多土地储备的开发商富豪可自发地兴建细价单位，或与房协合作，推出适合目前市场价格的上车盘，此善举一样能得到社会喝彩。

（原文刊于《紫荆》2013 年 8 月号第 274 期）

港"基金理政"为改善民生辟蹊径

卢 朗

过去一个财政年度，特区政府共录得 649 亿港元（下同）的巨额盈余，财政司司长曾俊华宣布把近 420 亿元的盈余拨入 8 个不同政策局主理的种子基金内滚存，其中以关爱基金及雇员再培训局种子基金获得最多拨款，分别获注资 150 亿元，而语文基金也得到逾 50 亿元注资，三个种子基金瓜分了超过 80% 的总注资额。

对此，反对派政党人士指摘其为"基金理政"，支出渠道叠床架屋，未能直接照顾有需要人士，更质疑其中有政治利益考虑。但也有分析人士指出，在政治争拗持续的今天，"基金理政"为改善民生另辟了一条途径。

6 年政府基金获注资近千亿元

在本财政年度共有 8 个种子基金受益，包括关爱基金、雇员再培训局种子基金、语文基金、环境及自然保育基金、渔业持续发展基金、特别行政区政府奖学金基金及自资专上教育基金。

以注资基金的形式确保重要开支，始于 2008/2009 年度的财政预算案，当时，曾俊华设立了一个 180 亿元的研究基金，做大学教资会研究资助的经费，同时，他向撒玛利亚基金注资 10 亿元，使更多新药物纳入资助范围。在曾俊华当财政司司长的 6 年内，政府一共向不同基金注入了 963.99 亿元。

在逾 900 亿元的拨款内，部分透过种子基金运作，意即该基金会利用政府的注资进行投资，以每年的投资回报来经营。以关爱基金为例，当年政府名义上向关爱基金注资 50 亿元，但事实上，该 50 亿元一直放于金管局做投资之用，并承诺 6 年内不得取回本金，其间所得到的利息便用作支付关爱基金的不同项目。

以基金保障开支非香港独创

乍看能不断生财的种子基金，既能减轻政府的长远负担，又能惠及大众，理应广获市民掌声，但却惹来不少政治批评。反对派指摘各基金投放不公允，如环境及自然保育基金就由建制派团体向长者免费更换悭电胆。又如最新设立的 5 亿渔业持续发展基金，被指是为夕阳行业设立种子基金，以向 60 名来自渔农界的选委示好。

反对派抨击 2013 年获政府注资最多的关爱基金、雇员再培训局种子基金及语文基金，指出这些种子基金都只以投资回报做营运开支，如遇全球经济不景气，股市不振，基金便无法运作。又指出关爱基金的覆盖率甚低，基金的 18 个项目中，只有"为居住环境恶劣的低收入人士提供津贴"和"为因屋宇署执法行动而须迁出工厂大厦劏房的合资格住户提供搬迁津贴"两个项目让"N 无人士"受惠，资源错配。

反对派意见最大的是，一般的政府开支都会经立法会财务委员会审批，政府现时向不同基金拨款，绕过了立法会监察，这些基金自行决定资金的运用。

但以注资基金的方式保障重要开支，并非香港独有，新加坡就广泛设立有各种基金确保社会和民生领域的各项重要开支。香港社会支持政府尝试运用任何传送到社会经济民生的措施，有声音认为，反对派不应看到建制派善用基金，就因为政治嫉妒反对政府注资种子基金。因为种子基金对香港发展确实有正面作用。

在 2013 年度财政预算案中，社会福利、教育及医疗等三方面占政府的经常性开支约 6 成，开支接近 1700 亿，比上年分别增加 130 亿、27 亿及 23 亿元。这反映出政府并未如政党批评般缺乏长远承担；而公共开支也正成为政府长远的财政负担。故此，政府以种子基金形式推动香港发展，便正好平衡由增加经常性开支所产生的财政压力。

以关爱基金为例，过去两年投资回报约 4 亿元，而现时则尚有 61 亿元未用款项，加上新注资的 150 亿元，政府预计每年可获逾 10 亿元投资回报。由此可见，关爱基金能有效减轻政府在社会福利上的财政负担。目前基金已推 18 个项目，支付了 7 亿元，有 10 万人受惠。

绕开争拗有效协助草根阶层

种子基金其中一个被人批评的地方，就是立法会无权过问基金的财政运作，变相剥夺了立法会监察政府开支的职能。但现时立会辩论流于偏激，经常为反对而反对，最令人记忆犹新的便是，泛民以"拉布"方法试图阻止政府落实长者津贴，可见政治角力的最终受害者还是贫苦大众。

基金财政避免不必要的政治争拗，能补足政府政策的不足。以关爱基金向未满居港七年的低收入成年新移民派发 6000 元为例，要在立会通过向有需要新移民派钱的措施并不容易，同时，由特区

● 图 2—7—1　关爱基金是 2013 年财政预算案中受益的 8 个种子基金之一

政府向他们提供直接的金钱也于情理不合，关爱基金的出现便成了中间人，由它向新移民派发 6000 元，一方面避免了政府尴尬，另一方面也使有需要人士得到帮助。当局预计这次措施能使 23 万人受惠。

　　一般而言，香港的主要社会福利保障只有综援，对于一些不符合申请综援人士或其他弱势群体，关爱基金便起了积极的作用。以关爱基金的"为租住私人楼宇长者提供津贴"及"为严重残疾人士提供特别护理津贴"为例，前者主要协助没有领取综援但租住私人楼宇的长者，具备资格的独居长者会获发 4000 元津贴，而二人长者户及三人或以上长者户将会分别获发 8000 元及 12000 元的津贴。而后者则针对正领取公共福利金计划下的高额伤残津贴人士，成功申请者可获为期最长 12 个月，每月 2000 元的津贴。这两个计划均能有效补足或加强政府现行福利措施的不足，成功协助了非综援长者和高额伤残津贴人士。

避免议而不决推动产业发展

香港回归以来，政府推出政策需时良久，由咨询到立会辩论，直到成功落实，可能要花上数年，故此，政府政策不一定能紧贴社会变化，以提供最适时的协助，而种子基金的出现便有效地堵塞了这方面的漏洞。例如，政府创新及科技基金近年推出了小型企业研究资助计划，以一元对一元的方式为优质的公司提供最高资助额为200万元的种子资金，协助他们开展研究发展工作，最终把产品或服务推出市场，经过严格的评审过程，最后约有20个小型企业获得资助，不少成功获资助的企业也盛赞计划适切合时。

新加坡政府常以有形之手直接介入经济发展。在新加坡，主权基金淡马锡投资公司会直接购买有潜质公司的股权。但有"基金教父"之称的雷贤达认为，香港政府不一定完全仿效淡马锡的运作，

● 图2—7—2　基金财政避免不必要的政治争拗，能弥补政府政策的不足，包括为租住私人楼宇长者提供津贴

可以先利用财政储备设立"策略投资基金",并如种子基金般由细做起,起初规模不用过 1000 亿元,除了对新兴产业进行直接投资,也可以投资香港基建。倘若香港政府有决心开发新兴产业,开发"策略投资基金"将会是香港经济发展的有效助推器。

(原文刊于《紫荆》2013 年 4 月号第 270 期)

香港顾问业风生水起

刘　桓

　　香港一向以服务业够专业而著称。由于香港工作生活节奏高度紧张，近年越来越多港人将法律、理财、堪舆、升学等个人事务交给私人顾问打理，一时间，香港的顾问职业经营得风生水起。其中，助人趋吉避凶的风水顾问颇为吃香，不少知名堪舆业者甚至挟香港的超高名气进军内地"揾真银"，足见香港顾问行业"钱途"日见广阔。

升学顾问备受家长追捧

　　2014年2月，名校拔萃男书院前校长张灼祥退休后首度出山，为太太开设教学中心担任名誉顾问一职。张太的教学中心对象是一岁半至六岁的学童，除了向家长传授幼儿沟通技巧，也提供一对一顾问面谈服务，顾问团成员包括很多知名的专业人士，如电台主持人车淑梅、作家李敏、导演罗启锐、临床心理学家何念慈等。

　　虽然张灼祥强调，不会提供任何升读男拔的贴士，但是由诸多城中名人和专家组成的星级顾问团已经有足够的号召力，教学中心甫开幕，便引来不少"让孩子不输在起跑线上"的家长追捧。

　　美国留学顾问机构"常春藤教育"4年前留意到内地企业涌港，

一批批移民新贵、精英家庭出现，这个群体对子女赴海外留学期望殷切，便在香港设立分公司，主攻本港金融界、专业界如医生、律师等精英家庭市场。

创办人孙小秾直言公司定位为"高端留学顾问"，客户基本上都是汉基、德瑞、圣保罗等名校学生。这些名校学生的家长尤其注重留学的早期规划。虽然她不愿透露"常春藤"的收费，但早于两年前，一对香港夫妇状告美国留学中介机构收取他们逾二百万美元巨款，却未能帮助两个儿子进入美国常春藤盟校的官司，便可了解"常春藤"的收费绝对不低。

风水顾问"钱途"广阔

香港中产人士除关切子女教育，对自己的个人运势也非常重视，由此催生了风水顾问的光明"钱途"。许多风水顾问已经成为中产及至发迹者不可缺少的人生智囊之一。

有业者指出，风水顾问的回报甚高，知名风水顾问的个人居家风水咨询费动辄数千元，对企业客户的服务一般在几万元。除了占卦算命、风水讲座，还大搞增运法会，甚至协助推销墓地；有的时薪高达10万元（港元，下同），也有一宗生意就过百万。只是风水顾问现在还是一种隐性职业，靠的都是口碑，行内纵有上千名风水顾问，当中不乏浑水摸鱼之辈，请风水顾问时要小心谨慎。所以名气大、曝光率高的玄学家便十分受欢迎，玄学家麦玲玲便是其中之一。

麦玲玲曾在访问中表示，她从发展商买地开始就帮忙看风水，之后每月去一次，为建筑、设计和销售等部门的同事提供玄学意见；楼盘开售时还会做广告代言人，为买家介绍不同单位的风水格局等。她透露，与她合作的都是中大型发展商，楼盘的风水顾问费最少 80 万元。

除地产发展商，也有美容公司请她向客人讲解整容如何改运；物业代理集团则希望她能传授风水知识予旗下职员以助开拓

● 图 2—8—1　风水顾问麦玲玲到内地为客户服务，号称以时薪计，最低消费两小时，每小时 8 万元以上

客源等，当中不乏大型国企，麦玲玲坦言"我是以时薪计，广东省内每小时 8 万元，出省要 10 万元，最低消费两小时起"。

除了麦玲玲，像杨天命、司徒法正等玄学家，收入同样可观。如杨天命曾做过一次墓地销售顾问，酬劳是上市公司千万股购股权证；在龚如心遗产案获华懋邀作"种生基"专家而广为人知的司徒法正，曾有报道指他在内地办一次增运法会，帮信众诵经、作法、祈福等，就收取过百万元。

即便只是在黄大仙祠内做解签先生，生意也不愁。因为黄大仙祠是内地旅行团必游之地，人流极旺，以解一支签收费 20 元计算，日赚可以过千，碰上大节日和神诞更多赚两三倍，懂普通话者生意更多，未有熟客的新丁也可月赚 3 万元，所以吸引了不少新人入行争食。

健身顾问大行其道

除了寻求风水顾问提供心灵上的慰藉，中产人士对个人身体的

● 图2—8—2　香港健身市场"单对单"私人健身顾问每小时收费可达 300—1200 元

护理也绝不忽视。近年香港不少男艺人经过地狱式训练练出"朱古力腹肌"惹来不少男士仿效，健身顾问这个行业大行其道，收入也颇理想。

亚洲运动及体适能专业学校课程主任陈国雄指出，健身行业的健身教练累积一定数目学员后，月薪可跃升至 40000 元以上。

一家健身机构的体能训练课程总监 Eo 说，"单对单"的私人健身教练每小时收费更可以达到 300 至 1200 元。大约 4 年前，他与朋友合资开设健身中心，客人涵盖 ibanker、中产人士等高薪人士。

理财顾问市场最大

香港中产除了重视子女教育和健康，还普遍重视财富打理。可是大多数的中产并没有过多的时间管理财务，所以理财顾问应运而生，像香港最大的理财顾问公司康宏理财这类公司越来越多。以康宏为例，去年的盈利大幅增长，主营的金融理财产品业务超过 100 亿元。最近传出沪港股市将要互通的消息后，估计日后香港和内地股民可以双向买股，以港交所数字的 206 万股民计算，再加上内地股民数目，肯定有更多人选择投身香港的理财顾问行业。

最近香港二手楼市受到各种不利因素影响，成交锐减，行内 3 万多个地产经纪营生困难，地产代理行经营前景暂显暗淡。但"穷则变，变则通"，"置业 18"日前便成立理财 18 顾问有限公司，为客户提供专业理财顾问服务。主席张肇栓明言，因为理财顾问行业前景明朗，公司除为客户提供财务融资顾问及转介服务外，更专设会计及税务顾问服务，由本港执业会计师为各类型中小企业提供会计税务等相关融资贷款业务。

因应香港经济环境的变化，还有其他不少专业服务近年也增设顾问业，以求多元发展。如法律顾问、心理咨询顾问等等，现在都成为追求香港中产优质生活的良伴。能够把握这些具有超强消费能力群体的生活脉搏，了解他们对生活品位、心灵慰藉等方面的需求，未来肯定还会催生更多新鲜多元的顾问群体。

（原文刊于《紫荆》2014 年 5 月号第 283 期）

港商内地投资走出传统领域

青　萍

　　内地近些年深化经济结构改革，大力压缩产能过剩行业和整治污染企业，并在土地、能源领域进行重点反腐，包括港商在内的境外投资者在内地投资开始悄然变化，重新调整投资策略；针对内地沿海推出的"腾笼换鸟"政策，香港一些过去以传统工业领域为主的厂家，亦在经历残酷淘汰后"浴火重生"，有的开始华丽转身。

内地港企积极谋求转型

　　早前，东莞掀起"扫黄风暴"，令这个传统的工业重镇再次吸引人们的眼球。但在这之前，一股工厂的"倒闭潮"，出现在这个素有"世界工厂"之称的东莞，更令人触目惊心。

　　在早几年前，广东提出"腾笼换鸟"政策，以应对发展瓶颈，希望透过将珠三角的传统制造业转移到粤东西北等地，再把"先进生产力"转移进珠三角，以达到经济转型、产业升级。

　　当时珠三角港企面临土地不足、工资成本上升、人民币升值、原材料上涨等困难，一度令数以千计的港企迁移或关闭。于是，转型升级成了迫在眉睫的事，很多企业努力通过提升技术、创建品牌、重组合并、迁厂等各项对策应对。

其中一个成功的例子，是在东莞市凤岗镇开办塑胶五金厂已二十多年的港商何焯辉，他在 5 年前根据国家经济转型，抓住时机从纯制造业转向发展婚庆旅游和创意文化产业，着力打造的龙凤山庄婚庆城，吸引了四面八方成千上万的情侣和新人来这里拍摄婚纱照、旅游、办婚宴、度蜜月。何焯辉的企业由要被腾的"笼"换的"鸟"成为当地爱不释手的"金丝雀"。

近些年内地食品安全问题不断，先后发生苏丹红、孔雀石绿、三聚氰胺等非法添加剂事件，食品行业危机四伏。但内地的食品行业不振，却为港商带来商机。有港商就瞄准这一商机投资，成功实现转型，在东莞的三泰环保渔业就是其中一例。

三泰环保渔业的董事蔡少森介绍，他们公司之前三代从事传统工业，最早从事织布；第二代从事制衣；到了他这代是做成衣贸易。一家三代，是香港典型的工业世家。如何转型的呢？蔡少森说，在机缘巧合下在马来西亚参观了环保渔场，结果便将这养鱼技术引进中国。经过多年努力，其养鱼生意终于见到成果，早前香港特区财政司司长曾俊华到东莞参观渔场，还品尝了渔场出产的淡水鱼"翡翠皇"，对鱼的肉质赞不绝口。

在发展新产业的同时，香港工业总会主席刘展灏对传统工业仍表示乐观。他认为香港的工业，尤其是制造业，还是大有可为，因为人们的日常生活离不开制造业。他又认为，"腾笼换鸟""大浪淘沙"未必是坏事，企业在遇到危机之时，为了生存下去，会选择作出转变，转型升级。他预期，低迷的环境一旦过去，很可能将迎来下一个高潮。

知名港企青睐创新领域投资

在新经济下，创新科技及高增值是提升企业保持蓬勃生命力和竞争优势的重要一环。

内地近年调控土地和能源领域投资，房地产投资不再是前些年炙手可热的领域。香港富豪李嘉诚旗下公司近期大举抛售内地房地产项目，引起李嘉诚撤资疑云，但最近频频曝光的他却又和高科技沾上了边。

据报道，李嘉诚旗下的创业投资公司"维港"目前已投资的项目超过 40 个。2014 年 5 月，李嘉诚在内地展示 7 个最新投资的高科技产品，其中就包括纳米 LED 灯泡、人造鸡蛋等。其中人造鸡蛋现时已在香港超市能买到，而李嘉诚投资的另一家科技公司也正在着力研发 3D 打印肉。

另一边，人称"四叔"的恒基主席李兆基早前也与阿里巴巴执行主席马云合作，首度在科技领域上联手，齐齐发展云计算业务。

香港富豪郑裕彤，近年也开始进军内地的零售业，未来会在广

● 图 2—9—1　很多港商在东莞投资织布、制衣等传统工业，在政府政策主导下，有的开始转型

州 CBD 开设周大福中国珠宝中心。

在科技产业中，现时最炙手可热的新兴行业非电子商务莫属。中国最大电子商务企业阿里巴巴主席马云预言，未来 5 年将是中国电子商务的黄金时期。

据统计，2013 年中国电子商务成交额突破

● 图 2—9—2　香港地产大王李兆基在内地也开始过"科技瘾"，与阿里巴巴联手发展云计算业务

10.2 万亿元人民币，相当于 GDP 总额的 18%。由于预期电子商务会是未来国家推广重点之一，不少港商有意开拓电子商务市场，抢分一杯羹。

早前便传出阿里巴巴与长和系主席李嘉诚"曲线联婚"，消息指阿里与中国邮政达成全面战略合作，将合力建设中国智能物流骨干网。而李嘉诚旗下的 TOM 集团此前已和中国邮政合作发展内地电子商务业务平台，因此，李嘉诚很有机会与阿里巴巴集团展开电子商务的合作。

早在两年前已转入内地网购市场的六福珠宝，算是港商在内地电子商贸领域的先行者，如今内地网购生意已增长了两三成。看到中央有意推动网购行业，六福也计划"加码"。

六福集团负责网购业务的执行董事黄兰诗说，最初只在内地"天猫"设网上旗舰店，后来加推至"苏宁易购"及"唯品会"等网店，增加销售管道。未来六福更打算攻入内地银行及百货公司的网上平台，现正与招商银行、交通银行、王府井百货等多家内地企

业洽商，陆续加开平台。

此外，金融和专业服务等是港商拿手的领域，也是香港的优势行业，展望未来，前海作为深圳特区中的特区以及深港合作最重要的项目之一，是港商又一块大展拳脚的宝地。

根据规划，到2020年，深圳将在前海约15平方公里的土地上，创造约1500亿元人民币的GDP。为此，港企正在持续加速注册前海中。

据了解，目前在前海的注册港企已达236家，涵盖金融、现代物流、资讯服务、科技服务和专业服务等香港优势产业。面对前海诱人商机，不少香港中小企业很想分一杯羹。有港商热切表示，前海在向大型企业开放的同时，也应为中小企业敞开大门。

（原文刊于《紫荆》2014年9月号第287期）

内地居民为何赴港购买保险

妙 鱼

近四年来，赴港投保的内地人数正呈逐年递增之势，为处于发展平台期的香港保险市场带来新的生机和活力。随着内地和香港市场互通程度日益提高，未来赴港投保人群有望进一步增多。不过，香港保险产品虽好，但并非适合所有人，也并非没有风险。

近年来，香港已成为内地投资者的重要投资场所，除了投资港股、地产等项目，保险亦逐渐成为重要的投资方式。

多位经办内地居民赴港投保业务的保险代理人表示，个人资产雄厚特别是拥有千万及以上资产的内地居民，对赴港投保兴趣不菲。这类人群赴港投保主要出于保值投资以及传承财产的考虑。在人民币升值的趋势之下，香港市场对这类人群的投资吸引力更加强烈。普通人群赴港投保则主要是看重香港保险产品保障程度更高、保费更低廉的优势。

香港保险的优势

与内地保险市场相比，香港的保险产品和风险管理服务更加丰富和细化，具有费率低、收益高、保障广、理赔易等特点。

香港的保险产品为什么可以采用更低的费率？一位寿险公司精算师表示，这是因为香港保险公司厘定费率时，使用的是以香港人口统计数据为基础制作的生命表。由于香港居民健康习惯较好，寿命更长（平均寿命是 80 岁，内地则是 70 岁）、发病率更低、出险概率较低，所以据此生命表确定的费率也较低。据了解，香港的寿险附加重大疾病险，费率一般仅为内地的 1/2 甚至 1/3。

保障范围广是香港保险的另一个优势。以危疾险为例，香港产品一般包括四十多种疾病，最全面的险种已涵盖上百种大病。而内地的同类产品一般只有三十多种。再以意外险为例，香港不但对意外身故或伤残提供赔偿，还提供门诊和住院医疗费用的补贴。若以家庭为单位，带上自己的配偶和子女一起投保，保费更加优惠。此外，连续 5 年不提出索赔，投保人可以获得 30% 已缴保费的现金返还。

从投资型产品的投资收益率来看，香港的保险资金投资范围更广，可以在全世界范围内投资，自由度更高，香港保单分红利率一般为 5% 至 9% 左右，近 10 年没有低过 5%。而投资受到较严格限制的内地保险产品，其投资收益率仅为 3% 左右（最高时也仅有 7% 左右）。

对于保险消费者来说，另一个重要的影响因素是理赔的便捷性和简易性。香港保险公司一般采取"严核保、宽理赔"。香港的医疗险可凭被保险人的住院发票和医生出具的证明，便可获得保险公司的全额赔付，而内地同类产品对于医疗品种和用药有较严格的限制，需要提供的理财材料很复杂。

据业内人士测算，如果将客户得到的保障折算成内地保险的保障，那么香港保险的保费比内地的低三成左右。

赴港投保的流程

香港保险的种种优势，吸引着越来越多的内地居民以游客身份前来香港购买保险，但是很多人对于如何在香港投保，并不是非常了解。

保险专业人士提醒，前来香港购买保险之前，最好先通过网络查询了解一下拟投保的保险公司及相关保险产品的基本信息。如果是通过保险经纪人或代理人接洽相关业务，可以到香港专业保险经纪协会或香港保险业联会官网上查询保险公司、保险经纪人或代理人的资质和身份。

来港投保时，投保人需要带上内地身份证、三个月之内投保人的住址证明和已办理了签证的港澳通行证（父母为未成年子女投保，则需携带子女的出生证，子女可不必来港）前往香港。需要指出的是，如果持有美国护照，则不能在香港购买保险。

在投保之前，可在香港的指定银行开立银行港元或美元账户，以备以后缴纳保费所用。需要注意的是，如果在香港投保上千万甚至上亿元的保额，则需要提供相应的财务证明。

香港保险公司核保完成后，香港保险经纪人会将正式保单邮寄至内地投保人之家庭住址。投保人取得保单后，应及时与保险公司联系，确认保单是否已经生效。

理赔时，不需投保人或被保险人前往香港办理，理赔材料可以直接邮寄给保险公司或保险经纪人办理（医疗险的相关原件会再寄回投保人），理赔款项可以由保险公司直接转账至其在内地的人民币账户。如果涉及身故赔偿，则需受益人亲自来港办理。

如果产生纠纷需要投诉，内地居民可以向香港保险索偿投诉局索偿投诉。这一渠道是免费向保单持有人或其受益人提供的，投诉局可裁决的限额为 80 万港元。

赴港投保的风险

香港保险产品虽好，但并非适合所有人，也并非没有风险。

一位宏利金融的代理人介绍，对于来港投保的内地居民来说，适合购买投资型产品、长期寿险和危疾险等产品，医疗险则不宜在香港购买，因为两地对医疗险的规定各有不同，相对来说，医疗险的理赔手续也比较麻烦，出险频率更高。

目前赴港投保的群体主要是资产较雄厚、有较强烈投资需求，风险也由此产生。对于这类内地投保群体来说，最大的风险来自人民币汇率的变化。自 2007 年以来，港元对人民币贬值幅度高达 16% 以上。香港保险产品一般以港元或美元计价，如果人民币升值，保额会受此影响产生"缩水"。这意味着，如以 2007 年以来持有某固定现金价值的香港保单来测算，排除收益后，其现金价值已出现了 16% 以上的缩水。

投保人选择以港元还是美元计价，其实就是基于自己对人民币汇率的判断和预期，但汇率波动的影响因素很多，通常很难对处在较长保险期间内的汇率水平作出较准确的判断。如果因汇率波动选择退保，则更得不偿失。

近年来随着人民币跨境使用，一些保险公司推出了人民币保险产品。但由于人民币尚未自由兑换，市场上缺乏人民币投资工具，香港开展人民币保单业务缺乏可以对冲风险的资产，香港保险公司无法给客户提供美元或港元保单的回报，这类保单缺乏足够的吸引力。

此外，续期缴费有银行手续费，联络和沟通有成本，赴港办理业务有交通和住宿等成本，综合算下来，这些成本远高于在内地投保内地保险公司的产品。而香港保险公司原来丰富而细致的增值服务鞭长莫及，内地投保人很难得到实质上的享受。

另一个需要注意的问题就是，投保时可能会遇到"李鬼"——"地下保单"。所谓"地下保单"，是指一些第三方理财机构或小保险中介公司或代理人，非法在内地销售的香港保险公司的保单。一位内地保险机构负责人建议，内地保监会可以推动"地下保单"阳光化，如果能实现在保险交易中心或保险交易所办理保单登记，那么就可申请享受索赔直通车服务。这样的话，购买了香港保单的内地投保人就不用再担心"理赔难、没保障"了。

（原文刊于《紫荆》2014 年 5 月号第 283 期）

第三章　法律制度

"一国"之下"两制"的相处之道

清华大学教授、香港基本法澳门基本法研究会会长　王振民

前言：为什么讲这个问题

香港自古以来即为中国领土。公元前 221 年秦始皇统一中国后，很快就派大军深入岭南地区，在此设立郡县，开始对广东地区包括当时的香港一带实施管辖，自此历朝历代中央政权莫不如此，到 2016 年已经 2237 年。虽然 1840 年鸦片战争后，香港被英国强占并进行了 156 年的统治，但中国政府已于 1997 年 7 月 1 日恢复对香港行使主权，实现了香港回归，迄今已经 19 年。展望未来，一百年、一千年，永远永远，香港都是中国的一部分，没有人能把香港从祖国搬离出去。从历史长河来看，与香港是中国的一部分两千多年而且还要一直是中国的一部分相比，英国管治香港这 156 年实在是弹指一挥间，根本改变不了香港的血脉和中国属性，香港的本质和本源是中国 / 东方，不是英国 / 西方。随着时间的推移，香港与祖国的联系将更加紧密，中国人的认同感将更加坚定和牢固。无论回归后发生了多少风风雨雨，无论 156 年外族统治发生了什么事情，香港最终都要坚决、坚定地与自己的祖国站在一起，这是谁也改变不了的历史潮流和时代大势。

既然"一国"是永远的，是谁也无法改变的历史、现实和未来，

"两制"就是最佳的选择，而且最好是长远的安排，我坚信"两制"必将跨越 2047 年。既然，"一国"是永恒的，"两制"又是长远的，我们就应该认真寻找"一国"之下"两制"长远融洽相处之道，最大限度地取其利，避其短，实现互利双赢。我认为，要实现这个目标，需要解决以下三个问题。

一、香港如何正确看待自己的祖国

要处理好"两制"之间的关系，香港首先要对自己的祖国有正确、全面、客观的认识。我们不仅要认识祖国的过去，也要认识祖国的现在，既要接受过去的祖国、历史上的中国，也要接受现在的祖国。一些香港朋友表示，他们很接受历史上的中国、文化上的中国，但现实的、现在的中国，让他们接受很困难。今天的中国和过去的中国是不可分割的，因为她是过去中国的自然延伸和发展。今天，中国的政治、经济、社会、文化也是两千多年特别是过去一百多年中国社会发展的必然选择和归宿，我们没有办法选择我们的过去，没有办法选择我们的历史，我们只能把握好今天。所以我们必须接受今天的中国、现在的中国，而不仅仅是历史上、课本上的中国。

第二，我们不仅要接受苦难、贫穷、落后的中国，更应该接受繁荣、富强、进步的中国。我们对国家的历史记忆，一直是苦难的中国、贫穷的中国、落后的中国。在香港被英国人占领统治的 156 年里，香港人大部分时间看到的是一个落后、贫穷、艰难的祖国。到现在一些没有亲自到内地访问、参观的人，脑海中"认识"的祖国仍然贫穷落后。但是经过改革开放三十多年的发展，我们国家已逐渐繁荣、强盛起来。我们应当了解和认识到，今天的国家已经变化，祖国正在进步。但无可否认有些人对祖国的发展、变化和进步不适应，习惯于看到一个落后的家乡。这是一个心态调适的过程，港人要和祖国内地人民一样，为国家的进步、为国家的繁荣、强盛感到骄傲，感到自豪，而不应做局外人。《论语》中有一句话：己欲立而立人，己欲达而达人。意即如果你要想站起来，你一定要帮助其他人站起来；如果你要想被人理解，你要帮助其他人去理解。香港比祖国先发达起来，也要帮助祖国发达起来。经过这些年的努力，祖国内地和香港确实一同站起来、发展起来了，我们应该以此为自豪，应该接受发展起来的祖国。

第三，祖国虽然还有不少不足的地方，还有不少缺点，但也要看到并承认国家一直在进步。一些媒体报道祖国负面的东西很多，有的是事实，但有的并不客观。没有一个国家没有负面东西的，没有一个国家是完美的，除了解国家存在的负面东西外，我们更要看到祖国的进步、祖国的优点和祖国的长处，特别是改革开放以来取得的巨大成就。我在二十多年教学历程中有一个很深的感受，如果看不到学生的优点，只看他的缺点，这个学生的缺点就会越来越多，缺点不断被人为放大。如果你不断欣赏、鼓励学生的优点，这个学生的优点会越来越多，进步越来更快。我们非常欢迎媒体监督，特别是港澳同胞对国家有很多批评建议，国家绝对欢迎，但是我们也要看到国家的进步。与人一样，国家如果有进步，也需要大家给予鼓励，国家也需要掌声。

第四，要客观、科学认识国家的政治体制。最近，全世界发生了很多的事情，前不久英国举行了"脱欧"公投，7月16日法国发生恐怖袭击，包括美国、土耳其等发生了非常恐怖的事情。南中国海因仲裁不公而风云激荡。今天的世界很不平静、不太平。有一个根本的原因，就是有一些国家自认为自己的制度最好，从而不断向其他国家推销，你不接受，就强迫你接受。结果是什么？不仅是所谓的"好制度"没有建立，反而使这些国家失去了秩序，失去了基本人权，发生人道灾难，大量平民丧生。我在清华大学教过的一个学生 2016 年从哈佛大学肯尼迪学院研究生毕业，回到上海，在一间大国际律师事务所工作。她有位叙利亚同学说："我很羡慕你有一个和平的祖国可以让你随时回去，我无家可归，我的家乡现在战火纷飞，满目疮痍。"她的叙利亚同学因为战争失去了父母、失去了家园，他的国家失去了基本秩序。国家的基本功能就是能够为国民维持良好秩序，提供和平的环境，这是最宝贵的，也是人的第一需求。中国今天政治制度的形成不以任何人的意志为转移。近代以来中国尝试过各种制度，包括西方的政治体制例如三权分立、议会制、总统制、君主立宪制等都曾经尝试过，但最后都以失败而告终，有些甚至引起国家内战。今天中东很多国家正在经历的，历史上我们都似曾相识。想当年，中国也有大量大量的难民。难道我们今天来之不易的和平环境、繁荣的局面能随便不要了吗？一些香港朋友对国家的政治体制和制度有各种各样的看法，这很正常。比如为什么要中国共产党领导？在香港谈中国共产党领导比较敏感。本人曾经应邀到很多国家的大学去讲中国共产党，他们没有请我去讲宪法，却请我讲中国共产党。包括美国 MBA 学生到清华大学来交流也让我讲中国共产党。我问他们为什么要学习、了解中国共产党？他们说因为中国共产党是中国政治制度的组成部分，要了解中国，就要了解中国的政治；要了解中国政治，不可能不了解中国共产党。他们希望了解的是真实的中国。我们不能假装中国没有共产党。所以香港同胞应真正认识和了解自己祖国的制度，包括共产党的领导，这是自然形成的，是中国社会发展的必然规律。我们没有办法选择历史，也没有办法选择祖国，我们只能共同努力把自己的祖国建设得更好。

　　我收到一条微信，说突然感觉自己的祖国真不容易：国力要和美国比，军事要和美国、俄罗斯比，福利要和北欧比，环境要和加拿大比，法治要和英国比，制造业要和德国、日本比，华为、中兴要和苹果、三星比，联想要和 IBM 比，长城、奇瑞要和通用、丰田比，龙芯要和 intel 比，中国自己研制的大型客机 C919 要和波音空客比！祖国真的不容易，这么多要求放在一起，都要同时满足，能做到吗？近代以来，受西方列强欺凌，中国丢掉了三百多万平方公里的领土，生灵涂炭、民不聊生，被西方列强打得趴在地上一百多年。今天我们终于站起来了，中国人可以扬眉吐气了。但是我们对国家的各种要求，远远超出了国家所具备的条件。国家这些年取得的成绩我们往往忽略，而且还会不断提更多新要求。但是，不管你认识不认识，祖国就在那里，她就是你的祖国，你也没办法选择。祖国跟你有密切的关系，不会因为你假装没有祖国，祖国就没有了；你不认识祖国，损失不是祖国的，是你自己的。如果香港是一本厚厚的书，祖国可以说是一本更厚重的书。我们要全面深入认识今日之中国，理解国家面临的各种挑战和困难，要主动地为国家的发展作贡献，在中华民族复兴的伟大事业当中做一个参与者，而不是一个旁观者。当然你也可以不参与，但不管你参与不参与，中华民族都要振兴，都要发展，但香港可能会失去很多机会。我们必须认识到，香港不能没有祖国，离开了祖国，我们没有办法生存。总之，从中国和世界历史长河来看，香港的根、香港的本、香港的源，香港的过去和未来都在中国，这是绝对跑不掉的。

二、香港是中国改革开放最大的受益者

我们要客观认识、评价英国的殖民统治。有人觉得英国 156 年的统治从头到尾都非常美好，每一天都非常美好。客观地说，在 20 世纪 50 年代，香港各方面的状况还不如上海，当时上海是远东的大都会，无论哪方面，发展都比香港好。20 世纪 60—70 年代，香港的生活要比内地好一些，但也不是说非常繁荣。香港真正的发展是从 20 世纪 70 年代中、末期开始的，在此以前，香港不敢说自己有法治，那时候香港也曾经腐败横行，特别是英国殖民统治者对我们中国人，没有什么公平正义，没有什么法治。必须承认，香港经济的腾飞和国家的改革开放几乎同步。我观察，香港实际上是中国改革开放最大的受益者。

由于特殊的地理和历史地位，香港一直扮演着中国内地跟世界各方面的"联系人"的角色。"联系人"一定是双向的，如果一方不开放，你没办法担当联系人的角色。所以改革开放使香港"联系人"的功能和作用充分发挥了。当然内地也在这个过程中发展壮大起来。

改革开放三十多年来，香港和祖国内地同舟共济，共同发展。国家在发展，香港更在发展，才取得了今天这样的成绩。当然最近这些年，内地发展得更快，香港因为政治上的一些争拗，影响了经济、社会的发展，但 20 世纪 80—90 年代，香港的发展速度超过内地。港人靠自己的勤奋和努力，靠"超级联系人"的地位，取得了令人羡慕、令人骄傲的成绩。香港是国家重要的资产，没有香港，中国的现代化可能要摸索更长的时间。香港为国家的改革开放，特别是市场经济建设作出了巨大的贡献，这是中国其他任何一个地方都没办法取代的。俄罗斯的市场经济改革为什么失败？因为俄罗斯没有一个具有像香港一样地位、功能和角色的地方，没有市场经济的经验。

除了香港要认识祖国外，国家也要认识、理解香港。如何认识香港的过去？如何在中国大发展的背景下为香港定位？这也是我们必须面对和解决的问题。我们要欣赏香港，欣赏香港的文明、法治。我听到不少内地来香港工作的同事讲，在香港不会丢东西，手机甚至信用卡丢在出租车上，丢在地铁上都能找回来。香港人办事都自觉排队。香港有非常多的值得我们学习的地方。祖国内地跟香港比，不少地方还有很大的差距，所以要充分发挥香港所长，把香港的发展与祖国的改革开放战略更加密切地联系在一起。

三、"两制"要融洽相处

内地与香港相处要做到以下几点：首先，要坚守法治的原则，合情合理地处理两地关系。英语有一句格言："Good fences make good neighbors."意思是，有好的篱笆，才会有好的邻居。香港同广东省，同内地其他地方相处也好，要做 good neighbors，有 good fences。中国也有一个类似说法："亲兄弟，明算账。"在两地关系上，可以解释为，我们要严格按照法律来处理问题。同时，在合法的情况下，还要合情合理，要考虑到两地是一家人，是骨肉同胞。

第二，共同维护《宪法》的尊严。《宪法》既是国家的根本大法，也是事关中央与特区关系的最高法律依据。"一国两制"从哪里来的呢？有人说《基本法》，其实不对。"一国两制"最早是中央的文件，它的法律化是在 1982 年，而香港《基本法》是 1990 年制定的。1982 年，国家制定了今天的《宪法》，就已经把"一国两制"的精神原则写进了《宪法》。那么对"一国两制"最大的保护就是国家《宪法》。特别行政区实行的制度由全国人大以法律规定，这就是"一国两制"与《宪法》的渊源。香港作为中国的一个特别行政区，要尊重国家宪法规定的制度，要尊重我们的祖国。这是基本的相处之道。我不改变你的资本主义制度，但是你也不要改变我的社会主义制度。香港实行什么样的体制、实行什么样的法律，国家给予高度尊重，但也希望香港尊重国家的宪法和宪法制度。

第三，国家要严格地依据《宪法》和《基本法》行使主权，担负起对香港的宪制责任。不应该把中央依据《基本法》行使职权、履行职责的行为视为是对特区的"干预"。我经常听到有香港朋友讲，为什么不喜欢西环，因为西环老"干预"香港。如果《基本法》规定的高度自治的事项，西环去干预、北京去干预，那可以说是违反了《基本法》。但是《基本法》本来规定的就是中央的职责，就是中央该做的事情，那不是"干预"，是在履行宪制职责，履行法定的职能。中央行使自己的职权，是合法合宪的行为，既是权力，也是责任。

第四，确保特别行政区依照《基本法》充分行使高度自治权。特区政府的高度自治权都是写入《基本法》的，包括行政管理权、立法权、独立的司法权和终审权，以及《基本法》第五章、第六章规定的那些高度自治的事项。兑现这些权力，也是落实"两制"的需要，中央给予认可和尊重。当然，特区拥有这些自治权的同时，意味着也要独立地承担责任。比如，最近关于2016年立法会选举的问题，我们要尊重、支持特别行政区严格依据《基本法》和本地的法律处理选举当中出现的问题，特别是"港独"人士参选的问题。特区政府和选举管理委员会发表声明、作出决定，要求参选人在声明中拥护《基本法》、效忠特别行政区，要对此进行确认。我觉得这是合法、合情、合理的。因为，"港独"意味着要把香港从国家分离出去，要建立一个独立的国家，要废除《基本法》，要成立一套新的政府架构、政权机关，也就是他们不承认香港的立法机关、不承认香港的行政长官、行政机关、司法机关，"港独"要推翻整个特别行政区政府，那我们还允许他参选立法会？这逻辑上通吗？我们必须要明确，任何法律之外的行为都是非法的，这是法治的基本原则。

香港一直以法制健全为骄傲，我们非常支持特区坚守法治的底线，依法处理关于"港独"人士的参选问题。因为参加选举是一种政治行为，不是开一般的研讨会。"港独"分子参选，本质上是要把"港独"理念注入香港特区依据《基本法》确立的政治过程当中。所以我们非常理解也非常支持特区政府能够面对解决"港独"问题，这是香港长治久安所必需的。

最后，古人当年所讲的人与人的相处之道，可以给"两制"之间如何相处提供参考。"君子和而不同，小人同而不和"。中文的意思大家听得太多了，讲得太多了，觉得很平常。但是翻译成英文，可能会让人有更深刻的理解。Gentlemen get along with each other without compromising their principles and values. Petty persons always compromise their principles and values without getting along. 就是说，两地永永远远、世世代代生活在一起，一定要 get along（和），在 get along 的前提下，你的 values、principles 不需要 compromise（妥协、让步），这就是两地相互之间的尊重。希望两种制度都是 gentle system。只要严格贯彻法治原则，合情合理地处理两地的关系，香港的明天、祖国的明天一定会更加美好，一加一，一定大于二。

（原文刊于《紫荆》2016 年 8 月号第 310 期）

经历考验的"一国两制"将更具生机与活力

民建联主席　李慧琼

　　"一国两制"在香港实施快 19 年了，取得了重大成绩，主要体现在三个方面：一是保证了国家主权完整，香港政权实现了和平回归；二是保证了香港的繁荣稳定；三是保证了香港人原有的制度和生活方式基本不变，马照跑，舞照跳。这些成绩举世瞩目，无法抹杀。

　　对"一国两制"在香港能否成功实施，国际社会一开始充满质疑与否认的声音，最令人印象深刻的是 1995 年美国《财富》杂志在封面文章《香港之死》中直接宣布，香港未来赤裸裸的结果就是两个字：玩完。但香港回归后，两地关系稳步向前，2008 年北京奥运火炬在香港成功传递，香港市民的国家认同感不断提升，同年的汶川大地震后，香港市民感同身受，向灾区同胞慷慨解囊，香港立法会共拨款捐助 90 亿港元，民间捐款达 130 亿港元。可以说，那是两地关系的"蜜月期"，是"一国两制"实施较为顺畅的时期，《财富》杂志也在香港回归 10 周年时发表文章《香港根本死不了》。

　　最近几年，两地交往过程中出现一些新情况，诸如"双非问题""反国教""反水货客""高铁建设"等，引起社会激烈争论，两地民众也有不同看法。这些情况导致怀疑和否认"一国两制"的声音又多了起来。有人主张"一国一制",有人提出"一国一邦",全民"公投",甚至命运"自决"。极个别人甚至鼓吹"港独",歪曲和割裂"一国"与"两制"有机联系的看法一时间扩大了市场。尽管鼓吹这些极端观点的人代表不了主流民意,但也造成了恶劣的负面影响,使两地关系急剧降温,"一国两制"在香港的实施已经由"蜜月期"步入"考验期"。这种种情况看似出现得十分突兀,但早有预兆,有些问题甚至可以说是早已存在,必会发生的。

首先,两地曾经长期分离,现在彼此看法有些差异很正常。香港和内地虽然一河之隔,但走过了不同的发展之路,无论是政治体制、经济发展模式还是生活方式,两地都存在很大差异,现在有些争论,不过是彼此不够了解,不互相体谅所引发的。

其次,两地实力消长,确实让部分香港人产生微妙的心理变化。内地改革开放初期,经济实力与香港存在较大差异,1979年内地的 GDP 总量是 2600 亿美元,2015 年内地的 GDP 总量超过 10 万亿美元,早已成为世界第二大经济体,香港的 GDP 曾经占全国 GDP 总量的约 20%,但是这一占比逐年下降,2014 年降至 2.87%。北京、上海、广州的 GDP 也先后超越香港。虽然香港在回归后经济发展并不差,GDP 由 1997 年的 1.37 万亿港元增长至 2013 年的 2.12 万亿港元,年均实质增长 3.4%,比照发达国家和地区,这样的成绩还算靓丽,但无法与内地的高速发展相比。伴随香港和内地此消彼长的发展趋势,两地都出现了不少非理性的看法,有的香港人刻意放大内地经济发展过程的负面因素,有的内地人看不到香港的价值,片面"唱衰"香港,这些观点长期积累,广泛传播,无形中更是加剧了两地的对立情绪。

第三,有人刻意歪曲"一国两制",刘兆佳教授称之为对"一国两制"的"另类诠释"。一部分人没有真正、完整地了解"一国两制"的内容，没有真正按照《基本法》和香港有关法律办事，而是为了自身或者某个团体的私利，故意散播仇恨，制造对立，激化矛盾，企图抹黑甚至以"两制"对抗"一国"，散播分离主义思想。

对香港出现的这些新情况，一定要高度重视，对两地交往过程中的摩擦与矛盾，也不能掉以轻心。但也要看到任何一个事物的发展都不可能一帆风顺，更何况"一国两制"是前无古人的构想，在实施过程中不可避免地会遇到一些问题，这完全不代表"一国两制"不成功，与"一国两制"取得的成绩相比，这些问题都无伤大局，中央政府和香港都有足够的智慧、勇气和能力面对这些问题，解决这些问题。

首先，"一国两制"有坚实的政治法律基础。中央政府对香港的发展一贯重视支持，多次强调"一国两制""港人治港"、高度自治的方针没有改变，也不会改变。

其次，两地交流有共同的历史文化基础。尽管香港被殖民统治长达一百多年，但正如香港《基本法》序言第一句讲的那样，香港自古以来就是中国的领土，两地华人有相同的血缘，香港的饮食、语言、风俗习惯等与岭南地区大同小异，两地一家人的基础牢不可破。

第三，两地合作有互惠互利的现实基础。内地具有庞大的经济规模，香港是知名的国际金融中心、贸易中心和航运中心，两地完全可以合作共赢。2003 年，中央政府和香港特区政府签署了CEPA，对内地和香港的经济互动合作、优势互补、互惠互利、共同发展起了重要的推动作用。如今内地和香港交往已经十分密切，比如内地是香港最大的贸易伙伴之一，香港也是内地最重要的贸易伙伴和主要出口市场之一。商务部台港澳司公布的数据显示，2015年内地与香港贸易额为 3443.4 亿美元，占内地对外贸易总额的

8.7%。以后两地的交流会更加频密，两地的民众也会在这种交往中不断消除误解，加强了解，增进情感。

我相信"一国两制"经得起考验，风雨过后是彩虹。而且，从某种意义上讲，经历过考验的"一国两制"，不断解决了在实施过程中暴露出来的问题，因而必将比一帆风顺的"一国两制"更具生机与活力。两地都应该有这样的信心，香港要相信和内地保持密切联系，不会削弱香港的独特地位，内地也要相信"港味"十足的香港能在《基本法》的框架下处理好自身问题。换句话说，两地都少做让对方失去信心的事情，香港应该避免"占中"和"旺角暴乱"这样的事情发生，少让中央政府和内地民众感觉到国家的主权和整体利益受到挑战，当然，内地民众也要理解香港人的忧虑和困惑，也要让香港人相信，香港固有价值、生活方式和行事作风不会遭受侵害。只有这样，"一国两制"在香港的实施才会不断发展，更趋完善，才能由"考验期"，进入两地知己知彼、相识相知的"成熟期"。

内地著名学者费孝通说过四个词：各美其美、美人之美、美美与共、天下大同，值得两地民众参考。就是说，香港和内地都要发扬光大自己的优点，但也要看到对方的优点，这样两地的优势才能形成合力，才能继续保证国家和香港的繁荣稳定，保证"一国两制"健康走下去。

（原文刊于《紫荆》2016 年 4 月号第 306 期）

香港法治迎来迟归的春天

香港中小型律师行协会创会会长　陈曼琪

　　法治是香港成功及持续发展的基石，亦是香港人的核心价值，让香港不同的声音、价值观及多元文化，都可在法律框架内和平自由地存在，互相尊重及包融共存。香港从英国殖民管治时代到回归祖国，及至 2014 年非法"占中"前，不论主权的回归、政治制度的改变，港人对法律都存敬畏之心，言行一旦超越法律底线，社会绝不容许，对错分明。法院所作的判决、所颁的命令，少有不遵从者，所有人都清楚知道言行的法律底线及非法须负刑责的后果。

难忘到旺角宣读法庭禁制令

　　2014 年，一些别有用心人士不惜以扭曲的民主愚惑民众，企图透过彻底摧毁香港法治精神及制度、经济及民生，牺牲港人的繁荣稳定生活，以达一己政治目的。非法"占中"时期，所谓的"爱与和平"及"公民抗命"，目的亦只是掩饰非法"占中"的暴力及摧毁性，诱惑别人非法，以人多非法制造乱局，壮大非法人士之胆量，令道理及对错模糊不清，法律底线不再存在。学生及年轻人亦因此容易误堕法网。

　　非法"占中"期间，我代表客户于高等法院一次又一次地成功抵御挑战"旺角禁制令"的上诉。然而，我万万想不到，真正的挑战是在 2014 年 11 月 25 日到旺角宣读及执行禁制令。当时，我手执禁制令，眼见被万人包围，耳听无尽难堪的话语，警方人多但未动，心想在对错不分及多人违反禁制令的时刻下，我唯一的目标是专业冷静地执行禁制令，准确无误地发出指示及作出决定，坚持捍卫香港法治精神及制度。法律在哪里跌倒，便要从哪里重新站起来。历史挑选了我。

79 天的非法"占中"对香港造成了非法"破窗效应"。政府迟迟未对非法"占中"策划及发动者采取法律行动，只有少数非法"占中"参与者被法院定罪。数周监禁、缓刑、社会服务令、感化令及罚款，都向社会发放了错误的讯息，以为纵使非法，只要以政治目的为理由，便可不择手段，破坏公众秩序、社会安宁及危害别人的生命财产安全。更甚者，社会亦普遍弥漫着愈人多势众，声愈大，手法愈激烈，策划及参与者愈不需要付上刑责，违反禁制令的人也不需要付上蔑视法庭罪。

非法"占中"落幕，非法人士得不到应有的法律制裁。所谓的"爱与和平"及"公民抗命"假面具虽被撕破，但非法"占中"孕育及造就了一些以暴力及无底线方法宣示及达到一己政治目的的年轻人，其后亦相继发生了立法会及高等法院门外垃圾筒的爆炸案、2016 年 2 月 8 日的旺角暴动及 2016 年 11 月 6 日的非法冲击西环。

2017 年终为修补重建香港法治带来曙光

自 2017 年 3 月起，立法会门外垃圾筒纵火被告罪监禁 2 年，旺角暴动参与者暴动罪监禁 3 年，旺角暴动纵火烧车及参与暴动被告罪监禁 4 年 9 个月，非法"占中"蔑视法庭罪监禁 3 个月及即时

● 图3—3—1　2014年11月陈曼琪律师代表潮联小巴，获得高院下达的对非法"占中"旺角集会的禁制令，25日她更到旺角宣读及执行禁制令

入狱。法院于该等案件判词向社会发出强烈的讯息，凡是破坏社会安宁的激进非法行为都必须予以严惩。非法者不要以为初犯、年轻、学生及一时冲动，法院便会轻判。法官更于旺角暴动纵火烧车及参与暴动一案中，指出非法者勇于非法，便须勇于承担法律责任。这说法无疑对曾经说过会以无底线或暴力达至目的的人当头棒喝。

政府需坚定打击暴力犯罪

非法"占中"至今两年多，香港终于等到非法便须付刑责，政治行为不能获豁免，犯法前要三思，以免抱憾终生的强而有力的讯息。虽然这讯息迟来了两年，但毕竟是归来的春天。香港的法治被折腾了两年多，现在终于慢慢恢复正轨。法院亦陆续审理非法"占中"及旺角暴动的关键人物分别面对的"串谋公众妨扰""煽惑公众妨扰""煽惑他人煽惑公众妨扰"及"煽动暴动"罪。

我希望现届及新一届特区政府坚定不移地打击所有暴力违法、危害社会安宁及挑战法庭权威的政治行为，重建香港法治，让社会一切言行及政治行为，都必须以法律为底线。政治人物亦再不能以扭曲骗人的政治口号，免于刑责。

罪有应得，是不变的道理。香港却受到这样沉痛的经历才真正认清这看似简单的道理。愿香港法治重新上路，特区政府、司法机关、法律界及港人坚守捍卫香港法治，香港才能享受到"一国两制"的繁荣稳定。

（原文刊于《紫荆》2017 年 5 月号第 319 期）

第四章　公共政策

新移民是劳动市场宝贵的人力资源

原香港特别行政区政府劳工及福利局局长　张建宗

常常说，香港是福地。然而，香港除了受惠于地理上的优势和历史上的独特角色，以这样一块弹丸之地却能创造出世界经济奇迹，成为主要国际金融中心，靠的纯粹是"人"。简而言之，人力和人才，是香港赖以成功的要素。

劳动人口持续下降带来挑战

众所周知，香港从来是一个移民城市。例如在战后一段时期，数十万主要来自广东省、上海市和其他商业重镇的人口移居香港，为香港带来人力、资本和技术。在 20 世纪五六十年代，香港的人口随着大量内地移民来港及出生率上升而迅速增长。在过去大半个世纪，香港人口由 1947 年年底约 180 万人增至今时今日逾 700 万人，当中其实不少都是落地生根的移民后代。

根据政府统计处在 2015 年 9 月发表的人口推算，香港人口未来 30 年会持续增长，但增长速度将放缓。然而，随着"战后婴儿潮"的一代陆续退休，到 2041 年，香港人口中有接近 1/3 年届 65 岁或以上，加上香港的生育率为 1.2，远低于 2.1 的国际更替水平，香港整体劳动人口（不包括外籍家庭佣工）预计由 2014 年的 360

万稍微上升至 2018 年的 365 万后，将持续下降至 2031 年的 343 万。这趋势将为香港社会和经济带来挑战。我们必须多管齐下释放和补充本地劳动潜力。

新移民是劳动市场的新力军

由政务司司长统领的人口政策督导委员会在 2015 年发表的《人口政策——策略与措施》报告，提出五大策略和五十项措施，应对人口结构变化带来的新挑战，当中包括释放本地劳动力和培育本地人力的一系列建议。

报告亦有指出，当出生率维持低水平的情况下，持单程证来港人士会继续是人口增长的主要来源。2013 年透过单程证计划来港人士的年龄中位数为 33 岁，远低于全港中位数的 43 岁。他们的教育水平多年来有所提升，15 岁或以上的新来港人士中，有 88% 的已达中学程度或以上。约 46% 的适龄工作新来港人士（20 至 64 岁）在内地有从事工作。大部分来港后继续积极投入本地职场。可想而知，新移民是香港劳动市场的新力军，是宝贵的人力资源。

多管齐下协助新移民融入社会

很多新来港人士，都希望尽快投入职场、融入社区和适应香港的急促生活步伐。为他们提供适切的技能提升和职业培训至为重要，因为这可帮助他们就业、自力更生、贡献社会。

政府一直有为新来港人士提供适当的支援及服务，协助他们融入本地生活。不同的政策局及其辖下部门（包括民政事务局、劳工及福利局、教育局、运输及房屋局、食物及卫生局、保安局）均有为内地新来港人士提供各类服务。以劳工及福利局的工作为例，我们采取了多管齐下的方式，务求在培训、就业、社会福利服务，以及社会福利支援方面，尽可能为新来港人士提供所需要的协助，并给予空间和机会，让他们发挥所长。

在社区的层面，设于全港各区由社会福利署及非政府机构营办的 65 间综合家庭服务中心及两间综合服务中心，为市民包括新来港人士提供一系列预防、支援和补救性质的服务，包括家庭生活教育、亲子活动、咨询服务、义工培训、外展服务、支援/互助小组、辅导、危机介入及转介服务等的福利服务。

服务新移民培训就业需要

为方便新来港人士使用劳工处提供的免费就业服务及设施，所有就业中心设有专责柜台为新来港人士提供工作转介服务，空缺资讯亦设有简体字版本，以供阅览。就业中心会定期举办专为新来港人士而设的就业讲座，协助他们认识本地就业市场情况及改善求职技巧。

针对新来港人士的培训和就业需要，雇员再培训局提供专设课程，协助他们认识本地就业市场，提高适应能力，掌握求职技巧，以及建立积极的工作态度。雇员再培训局致力提供以市场为导向、就业为本的培训服务，包括就业挂钩课程、"新技能提升计划"课程、通用技能培训课程及新来港人士专设课程等。

由于不少新移民妇女需要照顾家庭和子女，未能修读全日制课程，雇员再培训局在 2015—2016 年度及 2016—2017 年度分别为"陪月员基础证书"及"护理员基础证书"课程推行"零存整付"证书计划，鼓励她们更灵活安排时间进修及获取认可资历。未来我们

● 图4—1—1 张建宗近照

会探讨扩展计划以涵盖更多课程，包括"婴幼儿照顾员基础证书"，以开阔学员的培训选择。此外，部分就业挂钩专设课程更可转介有需要的学员，接受社会福利署"邻里支援幼儿照顾计划"提供的幼儿照顾服务，让学员可以同时兼顾家庭岗位及进修的需要。

配合新来港人士的就业需要，雇员再培训局在去年（2016）以试点形式推出"起步站"兼职空缺（即每周工时少于 30 小时的职位空缺）转介平台，为完成该局课程的新来港人士，提供各行各业兼职空缺的登记、转介、跟进及增值服务。新来港人士亦可利用雇员再培训局服务中心及服务点提供的一系列培训及就业支援服务，包括查询及报读课程、参加行业讲座，试读班和工作坊、预约培训顾问咨询服务等。

低津计划为基层家庭提供支援

2016 年 5 月推出的"低收入在职家庭津贴"是另一项突破性的政策新猷。津贴以鼓励持续就业、多劳多得和自力更生为主轴，设计时特别针对家中有较多在学子女、负担较重的基层家庭提供支援。由于计划不设居港年期要求，新来港人士只要符合津贴的其他要求，便可申请。

低津计划的基本津贴全额为每个家庭每月 600 港元，特设儿童

● 图 4—1—2 人力和人才是香港赖以成功的要素，必须多管齐下释放和补充市地劳动潜力

津贴全额每人每月 800 港元，以期帮助儿童向上流动。以一个合资格的四人家庭为例，包括父母和两名在学子女，父亲全职每月工作时数达 144 小时，视为家庭入息，这个家庭每月最多可得的津贴额为 2200 港元。若父亲每月工作达 192 小时，更可领取全额高额津贴（全额每月 1000 港元），全家津贴总额可达 2600 港元。如果申请人是单亲父或母，与最少一名 15 岁以下的子女同住，每月工作至少 36 小时，可申领基本津贴（全额每月 600 港元）。如工时达到 72 小时或以上，可申领高额津贴（全额每月 1000 港元）。

　　当然，要让新来港人士于不同层面感受到社会对他们的关顾，从而努力贡献社会，有赖于不同民间团体、社区伙伴、商界以及特区政府的共同努力。

香港是一个多元化和充满可能性的社会。人与人之间的互信、包容和彼此尊重，是多元文化的基石，亦是社会向前迈进的动力。

（原文刊于《紫荆》2017 年 1 月号第 315 期）

齐助新来港人士　共建美好新家园

全国政协经济委员会副主任、香港新家园协会会长　许荣茂

香港人口老龄化加速，新来港定居人士特别是内地新来港人士，是香港日趋放缓的人口增长中的一支生力军，更是香港劳动力市场的必要补充。然而由于语言、文化等差异，新来港人士在适应和融入香港生活时面临不少问题。新家园协会因应新来港人士及弱势社群的需要，持之不懈提供全面适切的社会服务，成立至今短短6年，已成为香港服务内地新来港人士及少数族裔人士规模最大的慈善团体，拥有会员超过13万人，服务人次超过60万，获得各界肯定和赞赏。

笔者在20世纪70年代来港创业，深深体会到新来港人士背井离乡来港谋生的艰辛，了解新来港人士对获得协助的渴望。2010年，笔者连同几位志同道合的商界朋友发起成立新家园协会，并担任会长，致力推动政府、商界、民间多方合作，为新来港、少数族裔人士及其他弱势社群提供专业适切的支援服务，促进新来港人士尽快融入香港、建设香港，以利香港繁荣稳定。经过多年努力，在各界的支持下，工作取得一定成绩，建立良好口碑，同时亦不断遇到新挑战。笔者希望与社会各界分享本会的工作经验，以求抛砖引玉，集思广益，把扶助新来港人士的工作做得更好，携手促进香港和谐进步，共同建设700万人的美好家园。

新来港人士适应融入有困难

自 1995 年 7 月起，内地居民来港定居的单程证配额增至每天 150 个，此后，新来港人士的数字便持续高企。统计处数据显示，回归至今，有近 88 万名内地新来港人士通过单程证来港定居，即现时每 7 名港人，便有 1.2 人是内地新来港人士。新来港人士以中青年为主，协助他们适应、融入香港，对香港社会稳定、经济发展具有正面作用。

由于社会制度、生活习俗、文化语言的明显差异，不少新来港人士在融入香港、开展新生活的过程中面临不少困难。民政事务总署在 2015 年的调查中发现，过半数新来港受访者表示有适应困难，困难依次为房屋、就业、语言、经济。本会在 2016 年发表的《内地新来港定居人士社会参与状况调查报告》亦指出，新来港人士家庭主要面临如下问题：一是结构性贫穷，高达 65.9% 的受访者家庭月收入低于政府扶贫委员会公布的贫穷线；二是就业困难，因为文化程度较低、语言不通等原因，新来港人士劳动市场参与率不足 1/3；三是新来港人士的社交网络狭窄，局限于亲友、同乡等。

成立 6 年服务人次逾 60 万

新家园协会以"平等、关爱、尊重、团结、卓越"为宗旨，以"四海一家、和谐共融、互惠互助"为精神，积极构建多方合作平台，提供优质、专业的多元社会服务，创建平等关爱的社会，协助新来港、少数族裔人士及其他弱势社群积极融入香港的生活，参与社区建设，促进社会和谐。

经过多年探索，协会成功发展出服务新来港人士的"一条龙"

模式，包括来港前的准备过程及来港后的适应阶段。

来港前，新家园协会帮助准来港人士认识香港，做好来港生活的准备，减少适应困难。协会是香港唯一一间获得国家民政部批准成立的全国性民办非企业单位，在深圳、广州、泉州设立办事处，为准来港人士和跨境家庭提供社会福利服务；协会亦获香港民政事务总署资助，分别在广东省江门、汕尾、新会、惠州等城市及福建省推行"期望管理计划"，每年协助3万人次准来港人士做好赴港定居的准备，提升来港生活的适应力。

来港后，协会也与他们保持紧密联系，以多元化的适切服务，协助他们融入香港。协会有专业社工负责向新来港人士提供各项认识社区的活动、设立互助小组、协助建立人际网络，以及了解寻求社会支援的办法；举办多种课程及训练，涵盖语言、生活文化、家庭关系、社会适应等方面，帮助新来港人士提升适应及融入香港的能力；提供各种就业培训服务，协助新来港人士发展潜能，增强自信，早日投身职场，自力更生，为个人、家庭、社会创造价值；以及开展义工培训及发展活动，引导新来港人士关心香港，积极参与义工活动，造福社会，互助共融。

要提供这些服务，少不了社会各界的支持。多年来，新家园协会成功构建了一个多方合作的平台，集合政府、社区、商界、专业团体的力量，携手支援新来港人士融入香港。

在政府层面，协会与不同政府部门保持良好合作关系，通过竞标，承办不同的支援新来港人士适应与融入的项目；在社区层面，我们在全港五大区设立服务点及合作点，并主动与学校、地区团体、社会福利机构等地区机构、组织合作，发挥协同效应，与各地区合作伙伴共同招募、培训新来港大使和义工，为有需要的家庭提供社工跟进、转介服务；在商界层面，商界爱心人士出钱出力，增

强协会服务资源，为新来港人士提供资助，设立为新来港学生提供
奖学金的"世茂精英培养计划"，并成功推出"新家园关爱卡"等
慈善项目，特别是与在港中资企业紧密合作，大力推动慈善扶贫，
为弱势社群纾贫解困。

协会在专业服务、协调纷争、法律服务，以及政策研究、文娱
培养等方面也与专业人士合作，为新来港人士全方位提供帮助，解
决困难。

此外，在认识中国文化、增进国民身份认同方面，协会从
2015 年开始，每年资助超过 2000 名包括新来港人士在内的基层市
民，特别是青少年，让他们参加内地与香港的文化交流活动，了解
国家日新月异的发展形势，激发新来港人士及其下一代创新创业的
热情。

新家园协会成立至今短短 6 年，已成为香港服务内地新来港人
士及少数族裔人士规模最大的慈善团体，拥有会员超过 13 万人，
服务人次超过 60 万，得到社会各界的肯定和赞赏。

提升服务　面临挑战

由于新来港人士人数众多，服务需要的资源庞大，协会面临的
挑战和困难不容低估。

香港缺乏专门的新来港人士融入政策，特别是缺乏支持服务新
来港人士机构的政策，政府未能充分与服务新来港人士的机构沟通
交流，以制定更贴切的就学、就业、就医、福利申请和文化教育等
政策，难以全面照顾新来港人士。

协会因缺乏政府的恒常资助，限制了提升服务的能力，严重影
响协会持续发展。本港场地、人手及其他服务资源成本与日俱增，

● 图4—2—1　2016年7月至8月，新家园协会举办第二届"四海一家·香港青年交流团"，带领团员造访北京等地，图为团长许荣茂与青年团员在故宫博物院合照

协会虽然是香港规模最大的服务新来港人士及少数族裔人士的慈善团体，却不能与本港其他大型社会福利机构一样，获得政府的恒常资助，令协会即使很想加强对新来港人士的支援服务，但往往力不从心。

　　协会的服务并不局限于新来港人士，还照顾少数族裔人士及其他弱势社群，目的是为了减少怨气，促进社会和谐。但协会经常受到不友好的政治攻击，协会服务被政治化，大大影响了协会吸纳捐款、吸引人才的能力，干扰了协会正常运作，削弱了服务成效，受害的是广大新来港人士、少数族裔及弱势社群。

扶持共建　和谐香港

香港是一个移民城市，大多数港人就是内地移民的后代。几代

● 图4—2—2　新家园协会在全港五大区设立服务点及合作点，便于长期稳定地为各区新来港人士提供适应与融入社区服务

新移民在狮子山下同舟共济、艰辛打拼，才创造了东方之珠的奇迹。今天，新来港人士仍然是香港人才、劳动力的重要来源。因此，照顾新来港人士、帮助他们更好地适应融入香港、为香港贡献聪明才智，这是社会的共同责任，政府、商界、民间必须互相合作，做好这项工作。

首先，政府应就协助新来港人士作出全面长远的规划，更重视服务新来港人士的机构，提供必要的政策和资源支持，切实增强对新来港人士的综合支援服务。

其次，社会各界要放下以"有色眼镜"看待新来港人士及服务新来港人士的机构。新来港人士、服务新来港人士机构都是服务香港、建设香港的重要成员，大家应不分彼此，互相扶持，共建关爱和谐香港。

　　服务新来港人士任重而道远，意义重大，协会无惧风雨，信心坚定，将一如既往，积极拓展服务，推动各界沟通与合作，携手协助新来港人士、少数族裔人士及其他弱势社群，协助他们在港安居乐业、发展潜能，为香港发展注入正能量、新动力。

（原文刊于《紫荆》2017 年 1 月号第 315 期）

"廉洁之都"　肃贪倡廉薪火相传

香港特别行政区政府廉政专员　白韫六

廉署自 1974 年成立以来，一直独立运作，透过全方位策略打击贪污，特别是对贪污舞弊罪行坚持"零容忍"；不论是政府部门、公共和私人机构同样受到监管，行贿和受贿同样有罪。廉署对贪污违法者一视同仁，无论涉案人士官阶有多高，身份地位有多显赫，依然不偏不倚地秉公执法，套用国家反贪腐的一个说法，就是"老虎苍蝇一起打"。

近年廉署多宗涉及前任或现职高级政府人员的案件，包括起诉贪污和公职人员行为失当罪名，均在法院判处长时间监禁刑期，清楚显示廉署执法大公无私、无畏无惧，一直如此，绝不动摇，也彰显了律政司、检控部门及法院在维护香港法治上的重要角色。

香港贪污风险为全球第四低

著名国际商业防贪顾问机构 TRACE International 委托著名研究机构兰德公司（RAND CORPORATION）公布的《2016 年全球贪污风险评估指数》中，指香港在全球 199 个国家或地区中排名第四位，贪污风险为全球第四低。调查中有关香港表现的报告亦称许，香港的反贪法例及执法工作同属"高素质"。

香港反贪经验中另一备受肯定的，是自成立至今一直沿用并行之有效的执法、预防、教育"三管齐下"肃贪倡廉策略。首先，通过严厉执法和鼓励举报，打击贪污罪行，最后在法庭判定有罪后予以刑罚，严惩贪污分子；再通过与政府部门、公共机构和私营机构伙伴合作，提升防贪机制、工作程序以堵塞漏洞，减少贪污机会；并通过长期、广泛、遍及社会不同层面的"多界别、跨阶层"宣传教育计划，让市民大众

● 图4—3—1　香港特别行政区政府廉政专员白韫六

明白贪污损害个人和社会利益，建立廉洁社会风气，支持廉署的反贪工作。

廉署每年均委托独立研究机构进行周年民意调查，近年均有约97%受访者表示支持廉署工作，充分显示廉署"三管齐下"策略所取得的丰硕成果。

法证组和电脑鉴证组令罪犯无所遁形

廉署执行处四十多年来致力打击贪污，成绩斐然。尽管贪污情况远比数十年前有明显改善，但廉署绝不敢有半点松懈，以免贪污活动死灰复燃。

随着整体公务员队伍维持廉洁高效，廉署现时接获的贪污投诉当中，超过六成涉及私营机构，因此我们仍会继续重点打击私营领

● 图4—3—2　防贪处人员为大型建设工程提供防贪建议

域的贪污舞弊情况。

科技及全球化急速发展，贪污犯罪手法亦日趋复杂和隐蔽，迂回处理犯罪得益的手法和高科技的电脑犯罪层出不穷，令廉署在追查贪污交易和贿款流向时会面临更大挑战。要克服这重重困难，廉署的法证会计组和电脑资料鉴证组担当不可或缺的重要角色。单是在2015年，法证会计组已就91宗案件进行调查，当中涉及249个目标人物和公司，交易总额约达65亿港元；而电脑资料鉴证组在2015年曾参与163项行动，并处理检获电子装置所储存的307兆位元组数据，两个组别都是前线调查人员在侦查案件时的"最佳伙伴"。

与内地和海外执法机关联手打击跨境犯罪

跨境犯罪亦是廉署调查工作的另一大挑战。廉署一直加强与内地和海外执法机关合作，积极联手追查与贪污相关的罪行。2015年，廉署的国际及内地（行动）联络小组，透过"个案协查计划"安排廉署人员前往内地21次，会见35名证人。相对的，内地多个检察机关亦派员来港26次，在港会见18名证人。海外方面，廉署在 2015 年曾根据《刑事事宜相互法律协助条例》，五次要求海外相关部门协助在当地进行调查。

2016 年 6 月，廉署获得新西兰执法部门协助，成功侦破一宗复杂的上市公司诈骗及清洗黑钱案，涉案上市公司联席主席兼执行董事、一名副总裁以及一名商人在法院被判罪名成立和入狱，正好反映出国际合作对打击跨境贪污诈骗案件的重要。

"同步预防"和"案后预防" 减低贪污风险

预防贪污工作方面，廉署防止贪污处近年采取主动的"同步预防"策略，取得良好成效。香港个别大型基建工程的招标，例如邮轮码头、西九文化区发展计划等，以至拟订新法例及制定新政策时，防贪处人员都会在项目开始前介入，适时提出相应的防贪建议，务求令贪污风险减至最低，防患未然。

此外，防贪处又采用"案后预防"策略，从贪污举报及案件被揭发后，尽快提供堵塞贪污漏洞的改善建议，防止同类案件再次发生。

另外，近年市民对于不同的社会议题，例如公务人员操守、公共机构管治和对公帑使用等都十分关注。为此，防贪处人员必须具备敏锐触觉，留意社会各方面最新发展，找出可能存在贪污风险的范畴，提出的建议亦必须紧贴社会需要，力求做到"不离地"。防贪处在 2016 年下半年便曾推出《幼稚园董事及职员行为守则范本》和《公私营医疗协作计划防贪指南》，均是因应社会关注和公众利益而编制。

自廉署成立至 2015 年年底，防贪处已完成约 3700 份审查报告，涵盖各政府部门、公共机构、执法、公共采购、外判服务、公务工程、资助计划及发牌规管制度等主要范畴，大大提升公共管理中的防贪水平。

私营机构防贪工作，防贪处亦不遗余力，30年前已设立的"防贪咨询服务"，不时主动接触私营机构，或应他们要求提供保密和免费量身打造的防贪服务，一直大受欢迎。2015年"防贪咨询服务"为私营机构提供合计644次防贪意见。

倡廉诚信教育　带动全城廉洁意识

倡廉教育方面，社区关系处四十多年来一直走进社区宣传廉洁信息。20世纪七八十年代，社关处人员走入公共屋村逐家逐户探访，到工厂大厦播放廉政短片，以面对面方式向市民解释贪污的祸害和维护廉洁的重要。

廉署为香港利用电视广告、电视剧集、电台节目等媒体进行宣传的先驱，让大众对贪污问题时刻保持警觉。廉署所有电视剧集均以真实个案改编，2016年推出的最新剧集录得近一千万人次观看。近年，我们也开始利用脸书（Facebook）和YouTube等新媒体，以扩大与市民，特别是年轻一代的接触。廉署网上媒体宣传及相关平台在2015年共计有450万浏览人次。

此外，因应智能手机使用的普及，我们更增设廉署手机应用程式及廉署微博频道等，务求令不同界别人士可"全方位"、随时随地接收廉署的多元化资讯。宣传设计也大幅革新，配合新媒体时代的口味。

廉署反贪工作的成功，端赖市民大众的积极支持。正在推行中的跨年度全港大型倡廉活动"全城·传诚"计划，是以"公众参与""各界响应"和"传承接力"为重点，透过多元化活动传扬倡廉信息，巩固他们的诚信意识及对反贪工作的支持，并传承至年轻一代。

● 图4—3—3　社关处积极向年轻人传递廉洁信息

为更深入向社会各阶层传递倡廉诚信的信息，廉署获得逾80个组织响应或支持，包括全港18个区议会、政府部门、商会、地区团体及志愿机构等，与廉署合办或自行举办以"全城·传诚"为主题的各项活动，成绩令人鼓舞。

廉署昔日的宣传口号是"香港胜在有 ICAC"，但近年已改为"香港胜在有你和 ICAC"，正是要显示社会各界和公众支持对反贪工作能取得成功的重要。

"透明国际"赞扬香港反贪成绩

2016年10月，国际著名反贪组织"透明国际"（Transparency International）主席胡塞·乌盖兹先生（Mr José Ugaz）应廉政公署邀请到访香港，会面期间他多次赞扬香港反贪工作表现卓越，但亦提出一个问题："廉署是世界各地反贪机构的典范，但为什么香港的反贪模式在世界其他地方也不一定成功？"

不同国家、地区的历史、文化、政治及社会经济环境各有差异，而香港的反贪经验，自有其独特性，在多项因素互相配合之下，才能成功扭转昔日的贪污盛行情况，蜕变成今天称誉国际的"廉洁之都"。

四十多年来，廉署经过坚持不懈的努力，政府最高层从不间断地支持，加上政府行政机关、监管机构、公民社会等携手合作，成功建立健全社会体系，使香港能坚守诚信文化，为香港的持续发展奠定稳固基础。"任重而道远"，廉署上下矢志要将肃贪倡廉的廉政使命薪火相传地延续下去。

（原文刊于《紫荆》2017 年 1 月号第 315 期）

香港依法反腐 "清廉指数"亚洲第二

萧 遥

在香港呼风唤雨的壹传媒集团主席黎智英，2014 年 9 月 17 日被廉政公署（ICAC）请去"饮咖啡"。查出过不少大案的廉署，其调查名单上又增加了一位炙手可热的人物。

2014 年 7 月，有人揭发黎智英近两年来向李卓人、梁国雄、涂谨申、毛孟静等立法会议员"献金"4000 多万港元，有人涉嫌非法收取利益。8 月底，廉署入屋调查黎智英及其助手 Mark Simon 以及李卓人。

在香港，无论煽动能力有多强，无人敢拒绝接受廉署调查。无论口无遮拦的立法会议员、富可敌国的富商，还是权倾一时的达官，一旦涉案在廉政公署面前都只能收敛。

早在黎智英被请去"饮咖啡"之前，已有不少显赫一时的达官贵人在廉署门前坠马。引发全港轰动的前政务司司长许仕仁涉贪案，如今在法院继续审理。两年前，曾在 1998 年应对亚洲金融危机中名噪一时的他被廉署请去"饮咖啡"，当晚就被廉署拘捕。案件于 2014 年 5 月高等法院开审，八项控罪涉及贪污款项超过 3000 万港元。

根据条例，香港政府已暂停向许仕仁发放每月 8 万港元的长俸。仅此一项许仕仁就要损失逾 384 万港元。

贪污"零容忍"

几乎人人都想发财的香港，在国际上却保持了廉洁高效的良好口碑。根据"透明国际"公布的 2013 年清廉指数，香港在全球 177 个国家和地区中排名第十五位，在亚洲排名第二位。

香港社会对贪污的容忍度几乎为零。廉署 2013 年完成的民意调查显示，以 0 至 10 分评估受访者对贪污的容忍度，调查结果只有 0.8 分。其中，82.4% 的受访者认为贪污完全不可以容忍，即 0 分。

市民发现贪污，愿意举报的受访者达到 80.6%。具名贪污举报的比率在 2012 年、2013 年都超过 70%。有不少人会亲身前往廉署举报。

市民勇于举报，除希望香港社会能维持廉洁风气，也在于香港有很好的举报制度。在香港，举报人不用在乎自己是否无权无势的平民百姓，有证据就可以大胆举报，无需担心举报会石沉大海，也不用担心秋后算账、被人打击报复。

廉署按照妥善程序记录投诉资料，确保投诉不受干预及绝对保密。期间，廉署会保护举报人，廉署职员更不得与嫌疑人通风报信。

"廉署保密，密密实实"，这句廉署宣传口号，香港市民烂记于心。

胜在有 ICAC

香港绝大部分（98.8%）受访者表示，在过去 12 个月内没有遇过贪污情况。香港成为廉洁之都，除了市民支持，成立 40 年的廉署功不可没。

前廉政专员罗范椒芬直言，"香港胜在有你和ICAC"。其中的"你"，主要是指鼓励市民举报贪污罪行，支持廉署工作。而"ICAC"主要是指廉署采取结合执法、防贪和社区教育"三管齐下"打击贪污。

独立运转的廉署有一整套反贪倡廉机制。廉政公署由三个部门组成：执行处、防止贪污处和社区关系处，分别负责调查、预防和教育，"三管齐下"对抗贪腐。执行处负责查案肃贪，逢贪必抓让人"不敢贪"；防止贪污处及时发现和堵塞各政府部门、公共机构贪污漏洞，让人"不能贪"；社区关系处引导社会对贪污嫉恶如仇，让人"不想贪"。

执行处是廉署肃贪倡廉的"杀手锏"。廉署历史上首位华人执行处副处长、在廉署工作20余年的前执行处副处长徐家杰指，执行处的人员配置最多、资源最强、震慑力最大。廉署大约2/3的人力部署在此，全年每天24小时运作，收到贪污举报后，会在48小时内联络投诉人、安排会见。只要有足够的资料，廉署就会依法进行调查，并最终将调查结果通知举报人。

经过多年的努力，廉署赢得较高口碑。民意调查显示，约95%及80%的受访者分别表示，支持廉署及认为廉署的反贪工作有效。

法不避权贵

从1974年成立至今，廉政公署已相继查出多起重大案件。回归前有葛柏案、油麻地果栏案、探长贪污案、电话公司贪污案、海外信托银行案、26座公屋贪污案、佳宁诈骗案、新股上市贪污案、律政高官受贿案等。回归后有圆洲角短桩案、"盲目"保险金诈骗

● 图4—4—1 壹传媒集团主席黎智英在律师陪同下到廉政公署接受调查

案等。廉署出手反贪绝不手软，赢得市民信任。2013年香港廉署反贪力度不减，执行处逮捕571人，检控220人。

香港保持较高的廉洁度，是由于政府和廉署走出了一条依法反贪和反腐的路子。根据《基本法》，香港特区设立廉政公署，独立工作，对行政长官负责。《基本法》之外，《廉政公署条例》《防止贿赂条例》《选举（舞弊及非法行为）条例》赋予廉署打击贪污的广泛调查权。

另据2008年修订后的香港《防止贿赂条例》，廉署亦可调查行政长官。这就意味着，香港几乎无人可在廉署面前享受豁免权，法不避权贵。政府部门、公共机构、私营机构，皆在其调查范围。即便私人公司的雇员，如未获得雇主许可，也不准接受他人利益。

除了黎智英、许仕仁，刚刚卸任廉政专员的汤显明甚至前任行政长官曾荫权，都相继遭廉署调查。

廉署执法审慎

根据相关法例，在廉署办案过程中，任何人抗拒或妨碍，或者提供虚假资料，作虚假陈述、指控，都属犯罪。一经定罪，将面临罚款、监禁的惩罚。必要时，廉署无需手令亦可将人逮捕。

独立运转、法律充分授权，保证了廉署反贪效率。在法例赋予廉署广泛的调查权力的同时，香港政府设有完备的监察与制衡机制，防止权力被滥用。行政长官委任社会贤达，组成贪污问题咨询委员会、审查贪污举报

● 图4—4—2　全港轰动的前政务司司长许仕仁涉贪案2014年5月在高等法院开审

咨询委员会、防止贪污咨询委员会及社区关系市民咨询委员会，负责监察廉政公署。委员会都由非官方的委员出任主席。

廉署权力最大的执行处，其调查工作是搜集证据，但无权作出检控决定。执行处须向律政司司长提交调查结果，供其研究及决定是否根据反贪法例提出检控。

调查结束后，如未有足够证据提出检控，有关案件便会呈交审

查贪污举报咨询委员会审议，只有该委员会才有权终止调查工作。

即便只对行政长官负责的廉署专员，其权力也受到响应制约，不能为所欲为。

（原文刊于《紫荆》2014 年 10 月号第 288 期）

廉署依然是反贪中坚

冯友湘

　　"香港胜在有 ICAC"这个宣传口号在过去近 40 年一直陪伴着港人。廉政公署（ICAC）自 1974 年成立以来，以肃贪倡廉为目标，对香港社会产生深远影响。香港现为世界最廉洁的城市之一，也是经济自由度指数最高的地区，与廉政公署多年来的反贪努力是分不开的。廉政公署近年经历了一些风雨，但是反贪机制仍十分有效，对维护廉洁和公义发挥重要角色。

国际认同香港廉洁

　　香港一直被公认为世界上最廉洁的商业城市之一。美国传统基金会发表的"2012 年全球经济自由度指数"报告称，香港社会不容忍贪污，并能有效推行反贪措施。总部设于德国，关注贪污问题的国际组织"透明国际"早前公布的"2012 清廉指数"，香港也获评为全球最廉洁的地区之一，世界排名第十二位，比英国、美国、法国及德国更优胜。

　　据了解，廉政公署有超过七成的举报为具名举报，显示公众对廉署的反贪工作有信心。廉政公署执行处在 2012 年共接获 3932 宗贪污投诉（不包括与选举有关的投诉），较 2011 年减少 2%。其中

342 宗贪污投诉涉及香港警务处，较上年增加 15 宗或 5%；而 850 宗则与其他政府部门有关，较 2011 年增加 60 宗或 8%。有关私营机构的贪污投诉，由 2011 年的 2664 宗下跌至 2012 年的 2483 宗。

社会廉洁在今天的香港看来，似是顺理成章理所当然，其实历史发展却是经过不少的转折和抉择。20 世纪 70 年代，香港贪污现象，可谓光天化日之下，比比皆是。市民为了维持生计，以及尽早获取公共服务，被迫"走后门"。当时"茶钱""黑钱""派鬼"等各种代替贿赂的名堂层出不穷，市民不仅耳熟能详，甚至无奈接受为日常生活的一部分。一些月薪只有几百元的警员，都敢公然购买名车豪宅。

香港成功走向廉洁的社会，其中一个关键点，就是 1974 年 2 月 15 日，当时立法局通过《香港特派廉政专员公署条例》，正式成立廉政公署。在始创阶段，廉政公署经历了艰难岁月，挺住了各方压力，才有今天的局面。

廉署对贪污"零容忍"

廉政公署的成立，迅速改变了香港社会面貌，也成了举世推崇的肃贪倡廉成功典范。自成立至今，香港生产总值，增长 5 倍之多，多次被评选为"全球最自由的经济体系"，社会廉洁也被认为是香港成功的因素之一。

在反贪工作中，廉政公署其中一个口号就是对贪污"零容忍"，不管是港府高官，还是商界名人，只要触犯贪污，一查到底。廉政公署 2012 年拘捕了发展局前局长麦齐光及路政署助理署长曾景文，两人 2013 年 8 月份被区域法院同判入狱 8 个月，主审法官指两人假称互相对租单位，骗取租金，由于全部骗款连同利息近 200 万港元已归还政府，准以入狱缓刑执行。

2012 年 7 月，廉政公署正式落案起诉前政务司司长许仕仁、新鸿基地产联席主席郭炳江与郭炳联两兄弟等 5 人共计 8 项罪名，其中许仕仁涉及公职人员行为失当，串谋提供利益等，控罪指他收受共计超过 3500 万港元款项和无抵押贷款。

廉政公署举报中心 24 小时不间断运作。其检控案件的判罪率高达 70% 以上，"破案如神"，这在世界上是罕见的。廉政公署反贪经验引起全球关注。专家分析，除了廉政公署享有独特权力外，关键是其行之有效的调查、预防、教育"三管齐下"的反贪运作模式。时至今日，这个模式已成为廉政公署的金科玉律，也为全球反贪机构效仿。

运作模式回归后一脉相承

香港回归后，廉政公署的运作模式保持不变。《基本法》第 57 条对廉政公署之法律地位的表述很简洁：香港特别行政区设立廉政公署，独立工作，对行政长官负责。这与廉政公署成立时的权力架构一脉相承。它当初是直属港督领导的一个独立反贪机构，廉政专员由港督直接任命，对其负责；现在则是直接向行政长官负责。

廉政公署由专员、副专员及其他委任人员组成，不属于香港公务员系列，不受公务员条例约束。根据《基本法》，廉政公署在香港特别行政区全权独立处理一切反贪的工作，经费由政府一般收入中拨付。

作为香港的反贪机构，廉政公署一向资源配置完善，并有侦查审讯权力。廉政公署一只眼睛盯着政府，另一只眼睛盯着市场，还有第三只眼睛盯着自己。其实行政长官也在廉政公署的调查范围之

● 图4—5—1 香港廉政公署对维护廉洁和公义发挥重要角色

内。前任行政长官曾荫权在任期结束前，被港府审计署和媒体先后曝光外访开支奢华与涉嫌接受富豪款待等问题，受到涉嫌利益输送的抨击，2012年2月廉政公署立案，就曾荫权涉嫌利益输送事件，按程序搜集证据，介入调查。

廉署权力的监督和制约

当初廉政公署的设立，主要针对警方贪腐，是建立在一个法治体制基础上的外接机构。诞生之时，直属港督，权力相当大，调查范围广，有几分类似于中国古代制度中负有特别使命的监察官，或者有特别使命的"钦差大臣"。真可谓是"一人之下，万人之上"。

虽然前廉政专员汤显明被揭发公款吃喝金额超标，并为到访宾客赠送超额礼物，引发社会议论，有人担心廉政公署权力缺乏监察，没有制衡机制。但是，《防止贿赂条例》《廉政公署条例》等赋予廉署广泛的调查权力，同时，在防止廉署权力滥用上，其实香港整个管治体系设立的监察与制衡机制，也发挥重要作用。

廉政公署的监督约束机制，分为外部与内部两个系统。外部约束机制，主要是行政长官、行政会议、立法会、律政司司长的独立检控权、传媒、咨询委员会和行政司属下的廉署事宜投诉委员会等。内部监察方面，廉政公署要求职员恪守最高的诚信水准。廉政公署自成立以来已设有一个内部调查及监察单位，公署人员如被指称涉及贪污或相关的刑事罪行，也会进行调查。

而且，廉政公署没有起诉权，所有的档案要交给香港律政司。律政司如果觉得档案证据不足，或者取证方法非法、有违程序正义，也有可能不起诉。律政司与法官对廉政公署的制约，使其不能独断专行，成为私器。

● 图4—5—2　廉政公署的流动展览车

　　廉政公署秉公执法、严厉查处的执法作风，起到了威慑作用，培育了对贪腐毫不姑息的社会风气。现在这个时代，贪污犯罪的能力越来越强，市民对廉政公署的要求越来越高。廉政公署能够成功运作到今天，成为维护香港社会廉洁的一股重要力量，并不容易。最近社会出现有人借"向廉政公署举报"，然后高调放料给传媒，对政界人士进行"毫无根据"的公开审判，如此利用廉政公署作为"政治打压工具"，损害香港的声誉，值得留意。

（原文刊于《紫荆》2013 年 9 月号第 275 期）

港高官利益申报备受关注

秦　楚

香港至今保持"全球营商环境最便利可靠"的美誉，原因之一是特区政府坚持并推动廉洁公正，其中要求公务员，尤其是问责官员实行利益申报，又是重要的环节。高官们能否严格要求自己，受到全社会关注。

特区政府2013年8月初公布政治委任官员申报潜在利益冲突新指引，扩大需要申报利益的范围，内容近乎严苛，包括进一步订明官员的"私人利益"包括其家属及私交好友、所属团体、社交群体以及其他交往，甚至"曾受恩惠"或欠下"人情"等。新指引同时就特首的处理准则定下明确规范：若出现利益冲突，特首有权要求官员放弃有关投资或利益，并指派另一官员处理相关事件。

最近港府高官先后被报道涉入利益冲突风波，招来满城风雨，暴露出过往当局一直强调行之有效的问责官员利益申报机制落后于公众的期望，存在修改的必要。

发展局官员申报风波

2013年7月初，由时任发展局局长陈茂波主导的新界东北发展最终规划揭晓，计划将动用1200亿元（港元，下同），容许

● 图4—6—1　立法会议员、前民主党主席何俊仁于2004年至2012年两届立法会任期内，曾涉嫌漏报一家公司董事职位及申报股份，最后他作出道歉及申报

以公、私营方式开拓古洞北和粉岭北新市镇。半个月后，传媒却曝出陈茂波家人在收地范围内拥有最少三块农地，估计可坐收逾千万赔偿，公众为之哗然！虽然陈茂波称有向特首梁振英作出申报，梁振英亦公开证实陈茂波的说法，但仍难息民间质疑。

陈茂波事件尚未平息，十日后，传媒再揭发其政治助理何建宗的家族公司在古洞发展区持有两万平方英尺地皮，报道指何建宗原本是该公司最大股东兼董事，但2012年上任前一个月辞任董事并将股份转予家人。何建宗事后承认未有向特首作出申报，向公众道歉并请辞。

早于上届政府末期传媒报道前行政长官曾荫权夫妇涉嫌接受富豪款待而没有作出申报后，从社会的强烈反应已可看到，公众对问责高官操守要求已较从前大幅提高。在目前的政治氛围下，政府高官以至家人的一举一动聚焦于传媒和公众的监察，稍有差池都可能被无限放大，波及整个问责团队。其实在旧有利益申报制度范围并不涵盖家人亲戚，陈茂波并算不上违反守则，却遭传媒夜以继日跟踪起底、立法会议员穷追猛打地夹击，说明社会对香港问责官员的操守品行，要求越来越高。

董时期问责制开列申报事项

官员利益冲突向来都是社会关注的焦点，即使在港英管治时期亦然。在 1997 年回归后至 2002 年首任行政长官董建华推行高官问责制之前，香港乃承袭 1997 年 7 月以前的相关制度，当中也包括申报利益和避免利益冲突机制。

据一批英国解密档案披露，早于柏立基年代，英国外交部已就港督收礼作出规定。柏立基于 1958 年至 1964 年出任港督，换言之，早在约 60 年前，香港已有针对政府最高级官员的收礼指引，以防止利益冲突。

除了收受礼物，行政局（即行政会议的前身）会议成员每次开会讨论政策前，也必事先填写利益申报表格，甚至会询问港督自己有没有需要避席。1997 年董建华就任行政长官后，也延续了这个做法，历届行政长官办公室均设有礼品登记册，记录行政长官以公职身份接受的礼物。登记册每月更新一次，市民可随时到行政长官网页查阅，董建华甚至连一包花生也记录在案。

2002 年董建华宣布推行高官问责制，以防止高官利益冲突。香港特区政府特别在《问责官员主要守则》中表明，"由于主要官员可能接触高度敏感的资料，包括商业敏感资料，故他们必须申报其投资和利益，以赢取公众的信任和信心。有关申报将应要求供公众查阅"。

当时董班子按照主要守则要求，定期公布问责团队的利益申报资料，谁是楼王、股王、收礼王都无一遁形，基于透明度甚高，加上问责团队中以政务官出身的人为多数，故官员涉嫌利益衡突的争议也较少，唯一"出事"的，就是弃商从政的前财政司司长梁锦松。

事件追溯至 2003 年，时任财政司司长梁锦松为削减政府财政赤字，在 3 月的财政预算案中提出大幅增加汽车首次登记税，不久传媒接获市民投诉，指梁锦松原来在 1 月以私人名义购入价值七十多万元的豪华房车，而梁锦松未有就买车事件向行会作出利益申报。对此梁锦松解释，买车是为了接载初生女儿及妻子之用，并非为了避税，并捐出双倍相差税款即十万元予公益金。其后，更将捐款加至 38 万元。行政长官董建华批评其买车行为是"严重疏忽不恰当"。

曾荫权将利益申报制细化

第二任行政长官曾荫权政府时期，据政制事务局于 2007 年 2 月提交立法会政制事务委员会的文件披露，《问责制主要官员守则有关防止利益冲突的规定》在处理投资和利益申报方面作出更明确的指引，订明"主要官员申报的利益包括地产和房产（包括自住物业）；公司东主、合伙人或董事身份；以及任何上市和非上市公司发出股本的 1% 或以上。公众可查阅有关申报"。

当年 7 月曾荫权顺利连任行政长官后，随即把政策局由 11 个增至 12 个，又宣布扩大政治委任制，增设副局长和政治助理等政治委任职位，该守则同样适用于副局长和政治助理。

即便如此，仍然有行会成员卷入利益冲突疑云。行政会议成员兼新界乡议局主席刘皇发于 2010 年被曝透过名下及家族成员有关的公司，大手买入多个元朗物业单位但未有向行会申报相关利益。事件一度惹起社会争议。因为当时政府致力打击炒楼，并不惜立法征收额外印花税打击短线炒卖，身为行会成员的刘皇发没有避嫌，难免惹人怀疑。

虽然事件最后以刘皇发并不知情，漏报原因归咎于员工疏忽所致，但是事件反映部分问责官员对利益申报有欠缺，对有关利益申报问题认识不足，对待利益冲突警觉性不高甚至不觉得是一回事，自恃"清者自清"，所以不怕"瓜田李下"，又或者以为家人亲属的利益不用理会，可以逃脱干系。心存侥幸的结果往往是到了最后事件被闹大，让反对派和别有用心的媒体有机可乘，借此攻击个人操守以至整个政府的诚信。

商界人士从政需格外小心

今非昔比，今天社会的政治气候非但不同于港英时期，即便与一年前比，也不能相提并论。有学者指出，在港英时期，一则港督或官员多属英国外派，二则如港督或官员涉嫌违规，由于当时资讯流通不如现时方便，加上殖民地官员擅长"拆弹"，市民并不易察觉；而在董建华管治的年代，初期沿用的乃一班政务官，涉及的利益冲突较少，直至后期陆续向商界招揽人才，利益冲突的问题才慢慢显现。在经过董建华管治年代及梁锦松涉嫌"偷步买车"事件后，媒体批评当权者、揭露以权谋私的风气转趋盛行，再加上回归后港人的归属感增强，对民主改革的诉求大增，公众对政府官员的要求相应提高。

由古至今，上至官场下至民间，"诚信"二字向来重要，一旦公众认为官员及政府诚信崩溃，则如立法会主席曾钰成所说，会堕入"塔斯陀陷阱"，以后无论说真话假话，都被当成假话；做好事坏事，都被看成坏事。是故政府8月初公布问责官员潜在利益冲突的新指引，一方面是亡羊补牢，及时堵塞旧有制度中的漏洞；另一方面也是希望借此恢复公众对政府诚信的信心。

可是新指引把规限范围收得更紧的同时，可能衍生的负面效应也不可忽视。现今政府缺乏人才,过往便曾多番向商界人士招手。不同于公务员由加入政府之初已学懂如何避免利益冲突,商界人士在财经界打滚多年,位至高层的不在少数,例如前财政司司长梁锦松、前商务及经济发展局局长马时亨等,他们的人脉、个人业务千丝万缕,绝不会比从事会计师的陈茂波的少,在新指引下,如果要连亲人朋友的资产也一概申报以示清白,形同断六亲的做法,还有多少人愿意加入政府的"政治热厨房"?又如何保障他们相关人士的私隐?

利益申报设立的本来目的,是将官员个人诚信和操守透明化,便于社会监察,而非官员从政的"死穴"或"把柄",如今利益申报新指引这把利刃高悬,也使得公众日后必将用更严苛的尺度评价官员,政府上下以至行政长官,甚至有心加入政府服务市民的人士,未来都需接受更严峻的挑战。

（原文刊载于《紫荆》2013 年 9 月号第 275 期）

港府首次划定"贫穷线"

秦　楚

扶贫工作为现届政府施政重点之一。特首梁振英 2012 年上任之初宣布重设扶贫委员会，又承诺设定"贫穷线"施救穷人。时隔一年，港府在上月底举行的扶贫委员会高峰会上终于公布，全港首条"贫穷线"定于入息中位数的 50%，以此推算全港有近 130 万贫穷人口。广为关注的具体扶贫措施最快会在 2014 年 1 月公布的施政报告和财政预算案中落实。

官方版"贫穷线"参照入息计算

这次高峰会上公布的最新贫穷人口数字以 2012 年作为基础年进行统计。由于政府过去两年的扶贫政策主要是以一次性的纾困措施为主，且经济环境也没有太大的变动，贫穷人口与往年相比只是轻微变动。根据 2011 年统计处数据，按照入息中位数的 50% 计算，全港有 129 万人生活在贫穷线下，贫穷人口中有 50% 是长者。不过，若计及"综援""生果金""就业交通津贴"等政府现金补贴，贫穷人口立时减少 28 万至 101 万人；如再将公屋补贴计算在内，贫穷人口将大减至约 68 万人。

扶贫委员会内就公屋应否计入资产存有争议，部分委员认为若将公屋计算其中，"贫穷线"下人口只有 68 万人是"太少"。故此，当局在设定主要的贫穷线之外，另设 2 条剔除现金转移的福利政策及公屋援助后来厘定的贫穷线。

香港以前一直没有设立官方的"贫穷线"，只是政党、社福团体等探讨相关问题时多数采用"整体人均住户入息中位数的一半"作为量度收入贫穷的指标，与这次公布贫穷线的计算方法大致相若，是民间版的"贫穷线"。例如 2013 年第一季的 1 人家庭入息中位数为 7300 元（港元，下同），4 人家庭则为 30500 元；以此推算，1 人及 4 人家庭的贫穷线将分别定为 3650 元及 15250 元，如果低于此数，则被界定为"贫穷人口"。

有扶贫委员会委员解释，以入息计算而不以资产计算的原因主要是计算入息的方法简单易明，因为有些长者并不清楚自己有多少资产。

基尼系数 2012 年创下 0.537 新高

不管有没有设定贫穷线，或是用何种方法计算，关于香港贫穷问题的争议早已存在，打从第一届特区政府开始，解决贫富悬殊就是民生问题的焦点。

时任特首董建华早于 2005 年便首设扶贫委员会，并针对"低收入人士"的问题在施政报告中特别提出以"教育培训治本，创新就业治标"的措施，希望从两方面入手，以长远的教育和培训措施来解决儿童、青年贫穷；以创造就业机会来协助暂未受惠于经济向上的低收入人士。

到了接任的曾荫权政府虽然没有延长扶贫委员会任期，但也于 2010 年的施政报告中宣布成立"关爱基金"进行扶贫，由政府出资 50 亿元，同时向商界筹募 50 亿元，合计以 100 亿元为基层市民提供综援不能提供的支援。数据显示，"关爱基金"自 2011 年成立至今，推出了 19 个援助项目，受惠人士超过十多万人。

　　然而两届政府合计 15 年多，这些扶贫措施并没有完全体现成效，贫穷问题持续，甚至有严重的趋势。基尼系数 2012 年创下 0.537 新高，反映贫富悬殊日益扩大。贫穷人口逾 116 万人，贫穷表现在种种社会现象，如长者贫穷，有工作能力的中年及年轻人要住劏房，"青贫族"收入零增长等。

　　身兼扶贫委员会成员的乐施会总裁余志稳早前引用数据指出，过去 10 年最高薪群组薪金不断上升，反观最低薪群组薪金却有下降趋势，显示香港入息不均，贫富悬殊情况严重，钱只集中在部分人手上。他表示，社会上有不少在职贫穷家庭尚未领取综援，每天工作 12 小时，但因月入低、家庭成员多，未能应付家庭开支，最

● 图 4—7—1　"在职贫穷""长者贫穷"与"隔代贫穷"成为香港贫穷综合征

需政府帮助。

他批评历届政府过于依赖综援此单一措施去扶贫，令受助者形成依赖。他认为，应该透过退休保障计划令老人家退休受保障；至于有工作能力的人士，则应鼓励他们就业，减轻社会对综援的压力。

防止"综援养懒人"现象膨胀

过往香港一直欠缺一套长远而持之以恒的扶贫政策，政府一味强调综援制度安全网可以解决香港所有贫穷问题，但最后引来尚有工作能力的中年、青年宁申请综援也不肯工作，不但造成"综援养懒人"的负面观感，更无助解决"在职贫穷""长者贫穷"与"隔代贫穷"问题。

对于贫困问题日积月累，成为社会沉疴，香港特区政府只是每年在财政预算案中派派小糖，作出一次性的纾困措施。据社联统计，过去五年政府的派糖措施主要惠及基层的如公屋免租、多发一个月综援、高龄及伤残措施等，合计款项接近 360 亿港元。派钱力度不算小，但社联批评此举更显示政府对扶贫缺乏承担，建议政府检讨现行退休保障制度，应该立即推行全民退休保障的公众咨询。

民间的扶贫呼声高涨，本届梁振英政府和立法会的扶贫态度转趋积极，香港特区政府依诺推出官方版首条"贫穷线"，扶贫举措应有后招，而立法会内务委员会辖下的扶贫小组委员会 8 月也趁休会期间前往中国台湾及日本，希望了解包括当地"贫穷线"在内的扶贫工作情况。

据了解，中国台湾一直设有贫穷线，透过各种社会福利为贫穷线下的贫穷住户提供保障，该贫穷线标准于 2012 年 7 月放宽，受惠人数从 26 万人增加至 86 万人；又开办劳保年金及民众年金，以保障老

● 图4—7—2 香港贫富差距悬殊，低收入老年人要住板间房

年生活。

日本也设有最低生活保障制度，对穷人和各种弱势社群直接发给金钱，资金一半由地方各级政府列入财政预算，另一半由中央支付。但近几年由于经济发展持续低迷和遭受大地震，申请生活保障的国民人数在不断地扩大，成为沉重的财政负担。

由此可见，任何的扶贫政策都要仔细斟酌。消息指香港特区政府会循研究低收入补贴，协助有工作、收入却不足以糊口的家庭，给予经济援助方面入手。

目前虽然距离扶贫政策公布尚有一段时间，但"贫穷线"的推出，体现了特区政府正视香港存在的贫穷问题，展示了特区政府迎难而上解决问题的决心。未来特区政府在扶贫的承担与有增无减的财政负担之间需要体现出智慧和能力。

（原文刊于《紫荆》2013 年 10 月号第 276 期）

香港"以房养老"渐获认同

蒋 怡

近期，内地拟推进老年人住房反向抵押养老保险试点，这一新的贷款模式对我国的养老制度具有重要影响，但真正实施过程中，也会遭遇不小的社会阻力。而香港早几年已经推行安老按揭，并根据社会反应不断优化，最近出现加速发展的苗头，值得内地借鉴。

内地将推行"以房养老"

2013 年 9 月，国务院印发了《关于加快发展养老服务业的若干意见》（以下简称《意见》），明确提出，"明年开展老年人住房反向抵押养老保险试点"。此后，各地纷纷出台类似条例，落实国务院有关规定。比如北京市出台《北京市人民政府关于加快推进养老服务业发展的意见》并通过民政部网站对外发布。针对社会上对"以房养老"政策的争议，民政部发言人明确表示，开展"以房养老"在国外一些国家和地区已有成熟的做法。这次国务院《意见》借鉴国际经验，提出开展这方面的试点，是积极慎重稳妥的，目的是探索符合国情、满足老年人不同需要、供老年人自主选择的养老保险产品，扩大养老服务供给方式，进而构建多样化、多层次、以需求为导向的养老服务模式。

　　所谓住房反向抵押贷款是指已经拥有房屋产权的老年人将房屋产权抵押给银行、保险公司等金融机构，相应的金融机构综合评估后，按其房屋的评估价值减去预期折损和预支利息，并按人的平均寿命计算，将其房屋的价值化整为零，分摊到预期寿命年限中去，按月或年支付现金给借款人。借款人在获得现金的同时，将继续获得房屋的居住权并负责维护。当借款人去世后，相应的金融机构获得房屋的产权，进行销售、出租或者拍卖，所得用来偿还贷款本息，相应的金融机构同时享有房产的升值部分。

　　由此可见，住房反向抵押贷款有助于有房无钱的老人获得足够的现金，以保障其安定的晚年生活所必需的现金支出。这种模式最早源于荷兰，但发展最成熟、最具代表性的当属美国。在文化传统不同的东方社会，新加坡的住房反向抵押也取得成功。另外，香港的安老按揭经过几次尝试后，最近也开始获得不少人的认同。

香港安老按揭不断优化

　　2005 年，香港政府就透过外汇基金全资拥有的香港按揭证券公司提出安老按揭，但无疾而终。其后，香港立法会相关小组委员会和有关议员多次提出逆向按揭，让有物业的年老长者利用逆向按揭的款项，应付日常生活开支，目的是让收入有限的长者无须担忧生计及减轻他们倚重政府福利。2011 年，香港又再次发表推行逆向按揭的计划，让借款人可以于固定年期内（10 年、15 年或 20 年）或终身每月取得年金。如有需要，借款人亦可提取一笔贷款，以应付特别情况。一般而言，除非借款人永久迁出物业或安老按揭贷款因其他原因被终止，否则借款人可以终身无须还款。于安老按揭终止时（或借款人百年归老后），借款人及其继承人可优先全数偿还安老按揭贷款以赎回物业。如借款人及其继承人选择不赎回物业，银行将出售该物业以偿还借款人的安老按揭贷款。为了防范风险，减少纠纷，在正式申请贷款前，借款人必须先预约与辅导顾问会面，了解产品特点、法律权益与责任，并确定贷款金额，获发辅导证书后才能申请贷款。

但起初香港的老人对此反应十分冷淡。首先是经济上收益并不是十分诱人，申请安老按揭需要缴纳利息、按揭保费、辅导费、律师费等费用，开支不少，手续烦琐。其次，在华人传统中，房子往往是留给后人的最大遗产，对于部分年轻人而言，逆向抵押的出现可能对他们继承房产造成威胁，而在房价高企的地区，这种矛盾也会更加突出。香港某论坛的一个帖子能更好地说明儿女的这种心态："家里人竟然想退休后逆向按揭，做子女的真是伤心。这件事不管怎么看都是亏的。"所以在2012年期间，平均每月只有12宗左右的安老按揭申请。

尽管申请人数不多，但香港在推出安老按揭前进行过市场调研，发现逾1000名受访长者中，约44%赞成引入安老按揭，这可以让拥有自置物业的长者多一个财务安排的选择。近25%的人表示会考虑申请。所以，安老抵押存在市场，于是，香港有关部门开始优化安老按揭计划，放宽年龄限制，申请人年龄由60岁降至55岁，现时有1/4申请人属55岁至60岁，反映很多人较早开始规划退休后现金流。另外，对抵押房产的价格也做了调整。自从计划优化后，申请宗数同比增长80%。而中银香港透露，2013年首八个月安老按揭成功贷出宗数同比增长26%。中银香港副总裁杨志威说，现时中银80%申请者在70岁以下，逾1/3约为55岁，相信整体香港安老按揭有加速发展趋势。而业内相关机构透露，正研究再优化安老按揭计划，包括容许以人寿保险做抵押品，提高申请者每月发放的金额。如果初步市场意见正面，按揭证券公司将继续咨询银行意见，期望在年底前有具体方案，最快明年初实行。

"以房养老"是大势所趋

按照联合国制定的标准，一个国家或地区 65 岁或以上人口约占总人口的 7%、60 岁或以上人口约占总人口的 10% 以上，即为老龄化社会。香港早已进入老龄化社会，住房反向抵押贷款的提出，最核心的意义在于它是对现有养老方式的一种极好的补充，可大大缓解国家和个人面临的养老压力。内地所称老年人是指 60 周岁以上的公民（《中华人民共和国老年人权益保障法》第二条）。根据国家计生委统计，2000 年内地 60 岁以上人口已达 12.26%，按未来平均人口预期寿命涨幅不大的较保守的人口预测，到 2020 年，内地 60 岁以上的老年人口将达到总人口的 16.97%。这说明内地也已开始步入老龄化社会，对包括"以房养老"等在内的各种养老模式的探索刻不容缓。

另外，内地存在大量"住房富人、现金穷人"。住房反向抵押贷款能够将住宅更好地利用起来，使人们在挖掘住房的居住和投资增值功能的同时，也将其作为一种很好的养老保障手段，实现住房资产与流动资产之间的相互转换，将资产在一生中予以优化配置，实现一生效用的最大化。同时，养儿防老的现实性大大减弱。社会人口流动的加强、人口结构的老龄化和家庭规模缩小的趋势，已经使得越来越多的年轻人无暇或无心照顾老人的日常生活，家庭的养老功能日益退化，必须提倡老人的自我养老，所以住房反向抵押贷款显然是需要在将来给予大力发掘并积极推动的。

香港也是华人社会，与内地的养老观念有很大的相似度，内地如果能积极借鉴香港的住房反向抵押政策，尤其是香港灵活地根据市场反馈不断完善安老按揭的做法，可以更好地推进"以房养老"的进程。

（原文刊于《紫荆》2013 年 11 月号第 277 期）

香港经验为内地社工发展提供借鉴

高 峰

随着中国内地工业化、城镇化、市场化的快速发展，各种社会问题也随之而来，发展社会工作就成为一项极具战略意义的部署。然而，总体看来，内地与先发国家和地区的社会工作相比，职业化、专业化水平还比较低，无法满足现时的社会需求。而香港在社会工作方面则恰恰有成熟而丰富的实践与经验，内地和香港于此有极为广阔的合作空间。

内地社工服务发展空间巨大

全国人大代表、新界社团联会理事长陈勇，在全国"两会"上，两次提出推动完善国家社会工作发展的建议。作为一名资深社工，他对两地的社工状况可谓了如指掌。

"从国内外已发展国家和地区在推行社会工作的经验来看，社会工作起到了调解矛盾、稳定和达至和谐社会的作用。"陈勇这样阐释社工工作的重要性，"所以，在2012年发布的《社会工作专业人才队伍建设中长期规划（2011—2020年）》中，提出到2015年社会工作专业人才总量达到50万、到2020年达到145万。"

但现在的情况不容乐观。虽然近年来社工专业队伍不断壮大，至 2012 年已有近 20 万人，但仍不足以满足社会需求。根据 2012 年的全国人口普查，全国人口已达 13.7 亿，社工人数与人口比率为 1∶6850，而香港的这一比率则为 1∶411。

"香港的社会服务及社工专业早在五十多年前便开始发展。"陈勇介绍，社会服务发展初期，香港大力向外国社会福利制度取经，邀请外国专家来港做顾问及培训，渐渐把引进的模式及专业知识吸收。到今天，香港现已发展出一套颇为成熟的本土化社会工作制度、社工专业操守及质素标准。"如今，内地社工服务有巨大的发展空间，而香港有能力以自身经验协助内地发展富有中国特色的社会工作制度体系，甚至协助内地发展出一种能影响现行主流的社会工作制度体系。这一领域将是未来两地交流的新空间。"

督导服务为内地培养本地人才

香港对内地社工工作的参与，目前主要以提供督导服务为主。广东省城市，如深圳、东莞、广州等大规模引进香港督导，为一线社工人才提供督导及培训工作。

这些督导服务都是在社会服务发展研究中心的组织统筹下展开的，这是一个致力于促进两地社会福利及社会工作发展的非营利服务机构。最早开展督导服务的是与香港一河之隔的深圳共同发起的"深圳计划"。"深圳计划"统筹主任詹满祥是一位经验丰富的社会工作者，至今已协助近 20 个内地社工机构的发展。"由 2008 年至 2013 年，我统筹了 106 名香港社工督导人员赴深圳担任督导工作。当时香港督导的工作，一名督导一般每个月提供 10 天的督导工作时间，每名督导员督导 9 至 14 名新入职的深圳社工，每一个社工团队可接受两年的督导时间。"詹满祥说。

● 图4—9—1 2008年5月22日，9名来自香港社工团伙"无国界社工"的心理辅导人员来到绵阳市受灾群众安置中心对灾区儿童进行心理疏导

督导的种类大体可以分为四种。（1）一对一的督导：由一名香港督导负责培育一名新上岗社工，目的在于教育新社工服务知识和提升他们的实务能力；（2）"香港督导＋本土督导"小组：一名香港督导负责一名本土见习督导或督导助理，见习督导带领一组社工团队，目的在于培养本土督导人才；（3）见习督导培训：由两名香港督导组成督导团队带领一组20名见习督导，目的同样在于培养本土督导人才；（4）机构顾问：由香港机构派出督导充当深圳社工机构的顾问，目的在于培养机构的行政管理能力。

随着"深圳计划"的顺利开展，"东莞计划""广州计划""番禺计划"也相继开展。2011年，深圳市正式挂牌成立深圳市对口支持新疆（喀什）社会工作站，"新疆计划"也开始实施，直到2012年3月，新疆社工站除了站长与香港督导外，已有15位社工，其中7位是新疆籍，两位是维吾尔族。

内地社工发展还需全方位展开

社会工作的发展需要长期的培育，全方位的深化，而目前的督导服务还局限于局部地区的人才培养方面。在陈勇看来，目前内地社会工作突出的问题还有以下几点。

一是各地发展不平衡。现时社会工作发展在广东省比较快速和活跃，上海及北京等城市发展亦较有根基，不过很多省市的社会工作发展还是在很起步的阶段，力度不足。

二是社工课程没有严格规范。现时内地社工课程没有严格规范，不同学院的实习模式、时间和内容不一，甚至有些院校的社工课程没有明确的实习要求。

三是忽视配套服务的重要性。他表示，现时内地社工发展，侧重了建设社工职位，却忽略了其他配套专业的重要性。在香港，跨

● 图4—9—2　2016年5月14日，黑龙江省希望社会工作服务中心一名社工（中）在为肇州县肇州镇新民小学的留守儿童讲手抄报

专业合作是社工界很常有的情况，尤其是在处理怀疑虐待儿童的个案，社工会与心理学家、医生、护士、教师、治疗师、警察等各专业协作，共同为有关的儿童及家庭制订最适合的治疗计划。

这些问题所在，也正是发展的空间所在。这些领域的不断完善将为两地社工界合作提供更多的空间，两地交流也将会迎来令人期待的新前景。

（原文刊于《紫荆》2014 年 5 月号第 283 期）

第五章　科技创新

香港的创新及科技之路

香港特别行政区政府创新及科技局局长　杨伟雄

创新及科技局的成立

创新及科技局（以下简称"创科局"）在 2015 年 11 月 20 日正式成立。我十分荣幸获得行政长官提名，中央人民政府任命为创科局局长。我必定全力以赴，与香港各界共同努力，以创新及科技支持社会和经济发展，令香港市民的生活更舒适、便捷和安全；并且推动新经济的发展，令香港经济发展更多元化，让香港市民，特别是青年人有更广阔的就业机会。

创科局虽然在立法会审议多时，为了不失时机，在争取成立创科局的同时，行政长官在 2015 年 3 月委任我为创新及科技顾问，以及创新及科技咨询委员会主席。我在这半年多的时间，除了主持咨询委员会及参与其小组委员会十多次会议外，亦随同行政长官外访美国和以色列，也全方位与业界、学界及立法会议员广泛沟通，收集他们的意见。

创科局的成立，可让政府更专注及有策略地制定一套全面而具体的政策，专注发展香港的创新及科技，并督导政策的执行及监察成果。我会继续以创科局局长身份主持创新及科技咨询委员会，以继续完成其工作。目前，委员会辖下的 3 个工作小组正就香港的未来创新及科技发展进行讨论，待委员会提出建议后，咨询委员会会把建议整合给政府考虑及跟进。

香港的创新科技优势

香港绝对有条件走创科的道路。我们是国际贸易和金融中心，拥有优良的法律制度，独立的司法以及完善的知识产权保护。再加上"一国"和"两制"的双重优势、先进的基础建设、世界级的大学、专家及科研人才，强大的吸引与联系外国一流创新及科研人才的能力。我很有信心能以符合整体香港的长远利益及具有香港特色的发展模式，推动香港创科产业发展。

香港在创新方面的能力、潜质和发展空间已日益获得国际先进机构的认同。例如，美国麻省理工学院（MIT）在 2015 年 11 月 9 日宣布，2016 年将在香港成立全球首个海外创新中心。瑞典的卡罗琳医学院（Karolinska Institute）也在 2015 年年初宣布，在香港成立首个海外科研基地，专注生命科技和再生医疗。美国康奈尔大学（Cornell University）与香港城市大学亦不断扩大合作，并已开办动物科学博士课程。

国家"十三五"规划的第一个重点就是创新。创科局将会支持香港发挥在国家"十三五"规划倡议下的巨大发展潜力，成为创新和科研领域的超级联系人，紧密联系本地、内地和全球顶尖的创科研发机构，扩大研发活动的规模和范围，分担成本及风险，以开拓更多商机。

创科局的重点工作

创科局成立之后，我们透过多方面联系，凝聚和收集各界的意见，借着"官产学研"的合作及相关持份者的支持，更有力地做好统筹工作，专注发展本港的创新与科技。创科局的工作重点包括：

（一）更聚焦地推动与世界最顶尖的科研机构的合作机会。

（二）创新应用和科技发展是工业升级转型的动力。我们会把握"再工业化"及物联网发展带来的契机，推动智能生产以及研究发展一些适合以香港为基地的工业，创造优质和多元的就业机会。

（三）积极研究和推出措施，鼓励私营机构、风险投资基金及天使投资者在创新及科技方面的投资，包括研究政府与私人资金共同投资科技初创企业的可行性。

（四）联同相关决策局、部门以及公私营界别，参与研究推行智慧城市的措施。

（五）利用本港的先进资讯及通信科技基建，建设香港成为连通的 Wi-Fi 城市，采纳新技术，推动更开放的数据及大数据的应用。

（六）研究及推动通过应用创新及科技以协助解决社会问题，例如利用科技服务长者及弱势社群（包括残疾人士），以应对人口老龄化问题及推广健康老龄化。

（七）研究在不违反世贸采购协议大前提下，推动使用本地的创科产品和服务。

（八）壮大本港创科人才库，启发青年人加入创新创业的行列，提升香港的竞争力。

（九）为达到上述目标，检视各创新及科技机构的工作重点和相互的配合。

创出新天地

以上 9 项工作都是重点，我们会同时推动。我看好香港的科技创新能力，我和我的团队会以开放的态度听取各界的意见。若得到业界及立法会的支持和配合，我们的工作必定事半功倍。

如行政长官所言，"千里之行，始于足下"。香港在创新及科技方面要急起直追，有很多工作要做，我们会继续以不怕阻挠，不怕挫折的精神，以创新及科技，为香港创出新天地。

（原文刊于《紫荆》2015 年 12 月号第 302 期）

凝聚社会共识 支持创科发展

香港科技园董事局主席 罗范椒芬

香港特区政府近年大力推动香港创新科技发展，初创科技企业数量大增，社会创科氛围日渐浓厚，有望成为香港经济发展的新增长点，亦有望为年轻人拓宽就业渠道。香港深圳科技协同发展、共享成果，也是香港科技发展的重要趋势。近日，特区政府与深圳市政府签署合作协议，在落马洲河套地区共建"港深创新及科技园"预示两地科技合作迈上新台阶，合作前景广阔。然而社会上亦有意见关注项目是否会成为"为他人作嫁衣"，港深创新及科技园为香港科技发展带来重大机遇，希望各方能实事求是，勿让政治争拗干扰科技惠民。

两地科技融合须可持续发展

港深两地要共同发展，共享成果，一定要做到互补优势、互惠互利，这样才会有可持续的长远合作。未来河套区将采用香港的制度，有助于吸引国外企业进驻，而深圳的创新生态环境成熟，制造业蓬勃。港深配合可以结合"官产学研"的力量，无缝连接产业链的上下游，做到互利共赢。

社会各界对创新及科技园未来运营的细节非常关注，目前香港与深圳市刚刚签订协议，仅有原则性的合作框架，还要待"河套区港深创新及科技园发展联合专责小组"确定具体细节，才能开展运营方面的策划。对于如此庞大的发展项目，香港科技园在筹备过程中一定会聆听社会的声音和业界的意见。特区政府财委会向立法会申请拨款时，相信也会有立法会议员认真审视这一议题，并提出意见。如果有业界和公众参与，新的科技园发展过程必然更顺畅，也会更圆满。

港深创新及科技园未来的发展模式也是外界普遍关心的问题，这方面目前尚未有定论，但不妨做出两方面设想。一方面，"港深创新及科技园"与现在的香港科技园可以有不同的定位。比如国外的很多科学园区都有自己的定位，有的专门做生物科技，有的专门研究光电子等。香港科技园的实验室近年已逐步出现饱和的状态，一度需要将办公室改造成实验室，才能满足入园企业的需求。河套区有广袤的土地，所以占地面积较大的企业就比较适合进入港深创新及科技园。此外，港深创新及科技园的配套设施，未来也会更齐备，可能会有人才公寓等生活设施，提供给这里工作的外来人才居住。所以对于占地面积比较大，例如需要大规模的实验室，或是聘请较多外来的高端人才，需要生活配套设施的科技企业，在河套地区的发展空间会更大。另一方面，可以考虑在河套建设联合实验室。比如香港有几所高校都在进行细胞研究，未来就可以在河套科技园建细胞研究联合实验室，让从事细胞研究的香港精英与来自内地和海外的高端研究员在河套地区并肩工作。这样有利于集中优势资源进行合作研究。

海内外人才联手打造亚洲硅谷

港深创新及科技园将可能成为香港经济发展的新增长点。2008

年美国金融海啸之后，经济恢复得最快、增长得最快的就是以创科为引领的城市，例如波士顿、纽约、硅谷等。纽约跟中国香港一样是金融中心，土地也是纽约发展很大的制约。但今天，纽约吸引了大量科技人才，其中的经验值得香港借鉴。河套地区发展愿景之一就是能够吸引到全球最高端的、符合两地发展方向的企业入园，不限国籍。如果我们能够聚集到世界知名的高端实验室进入科技园，也有助于深圳相关产业继续升级。届时香港人才、海外人才以及内地人才在港深创新及科技园并肩工作，基于优势资源的结集和思想的碰撞，科研成果有望领先世界。香港与深圳携手打造的创科中心，不但可以成为国家最尖端的创新中心，更可能成为亚洲硅谷。

第一期最快五年后启运营

科技发展日新月异，打造创科基地，务必讲求"快"。香港科技园公司未来将成立附属公司负责港深创新及科技园的策划、建设和运营。成立附属公司，委任董事会成员以及工作人员安排等，将会是 2017 年上半年的重点工作。特区政府需要完成河套区的规划大纲图，并向立法会申请拨款，随后启动基建。如果各方配合加快脚步，一切顺利的话，港深创新及科技园的第一期最快将于 5 年后投入运营。

香港正在积极发展创新与科技，创科氛围日渐浓厚，申请进入科技园和数码港的初创企业连年递增。香港投资推广处的调查也显示，2016 年全港初创企业的数目比 2015 年增长 24%，这是一个可喜的现象。面对这样的趋势，我们需要有一个前瞻性的规划，提供更广阔的发展空间。同时我们也要明白，初创公司的发展需要时间，所以我们也要吸引更多包括内地的外来企业，加上香港本地的创科企业共同合作，引领河套地区成为东方最具吸引力的创科中心，为香港年轻人提供更多的就业机会。

香港不乏优秀的人才，多年来香港学生在理工类的国际比赛和测验中屡创佳绩。香港高校中也不乏国际知名的学者，高校实验室的研发能力在国际上也处于领先地位。但由于看不到前景，不少优秀的科技人才无奈转行或离开香港另谋发展。所以如果我们能为这些青年创造更多的就业机会和发展空间，定能吸引越来越多的青年人投身创科行业。

助力香港发展大型科技企业

除了为本地的年轻人提供更宽广的发展空间，科技园也希望能够为本地的初创企业提供更多的支持，让它们茁壮成长，令香港的科技产业不仅依靠外来的大公司，香港也要有本地的大型科技企业。深圳有腾讯、华为，香港也要培育大型科技企业。要实现这个理想，香港需要大量的人才，更需要足够的场地，港深创新及科技园则能够提供这样的空间。

香港与深圳刚刚就港深创新及科技园签订合作协议，社会上即时出现一些负面看法。对大量投资兴建港深创新及科技园提出关注可以理解，但我们不能因为有顾虑，就放弃香港长远的发展机遇。任何事物都有正反两面，我们不能只着眼于可能出现的负面影响而消极抵制，如何把握好机遇，发挥正面的效果才是关键。河套地区只不过是一片土地，如何利用好，就需要我们用创意，用包容合作的心态和迎难而上的精神。港深科技融合的大方向属于优势互补、互利共赢，不存在哪一方单独获利的问题。香港应该对自己有信心，既然明知创新科技是香港的短板，同时也是香港未来发展的重要方向，就理应更努力地去做好。港深现在刚刚签署共同在河套地区发展创科产业的合作协议，还有时间让我们做好准备。香港社会的创新科技氛围近年也逐步显现，创新科技产业已初现曙光。所以我们一定要迎难而上，加强自我转变、自我调整的意识和动力，这样才能把握未来的机遇。

凝聚社会共识　支持创科发展

正如上文提到，在做好港深创新及科技园准备工作的同时，特区政府接下来也会向立法会申请拨款。我们对于议员们是否会拖延和阻挠深表关切，亦希望通过坦诚的沟通和理性的讨论消除任何顾虑。香港社会应该认识到，在落马洲河套地区发展创新及科技产业，对于香港发展有多少实际的好处，如对于拓宽年轻人的就业机会，香港经济基础的多元化，社会智能化发展又有哪些好处。所以不论是香港科技园，还是特区政府都要与社会多一些沟通，广泛凝聚共识。香港立法会既然是民选，所以如果全社会对此有强烈共识，相信拨款最终能获得通过。

多年在科技园工作的经验让笔者感觉到，发展创新科技是以知识为本，超越意识形态。大家纯粹从专业及科技的角度出发，为香港年轻人创造更好的未来。议员们不论政治立场，都有这一共同的愿望。所以笔者乐观地期望，立法会议员就河套地区发展创新科技园的拨款，能够顾全大局，实事求是，不要让政治争拗干扰科技惠民。

（原文刊于《紫荆》2017 年 2 月号第 316 期）

香港科技的优势在于核心研发

——访香港应用科技研究院行政总裁张念坤博士

马一文

　　香港应用科技研究院（以下简称"应科院"）由香港特别行政区政府于 2000 年成立，其使命是透过应用研究协助发展以科技为基础的产业，借此提升香港的竞争力。研究范畴横跨五个相关领域，包括通信技术、企业与消费电子、集成电路设计、材料与构装技术、生物医学电子等。应科院最近又成立信息研究室，对新兴和跨领域技术进行研究。近日，针对香港的科技现状和未来发展趋势，应科院行政总裁张念坤博士接受了本刊记者专访。

香港的科研环境一流

　　张念坤博士认为，香港有发展科技的各种优势，比如香港有完善的法律体系，注重保护知识产权；有自由的研发环境，能够让有创意有想法的科研人员实现自己的构思；香港还有世界一流的大学和科研队伍，能够彼此交流，提供思想火花。香港经济高度发展，对科技的重视程度相对较高，对科技人员比较尊重，能够吸引国内外高端人才来港。另外，香港有独特的地理优势，背靠内地，面向四海。这些年来，香港经济结构不断调整，必定会更加重视科技的发展。

香港科技的成果

张念坤博士认为，香港发展科技要有所侧重，科技产品的生产和销售环节要着重开发香港以外的区域，香港要以核心研发为主，主要是研究掌握具有知识产权的核心技术和科技产品。这是因为香港地少人稠，只能努力掌握具有独立知识产权的核心技术，占据科技产业的高端地位，才能在同各地的科技竞争中占据优势。

香港这些年也一直重视核心研发，在各方面的进展也比较理想。以应科院在 2012 年到 2013 年财政年度表现为例，该院共签订 113 份合同，将技术向业界转移；从业界所得收入总额达 6800万港元；而在技术专利方面，获授 124 项新专利，同时为 92 项新技术提交了专利申请。此外，科技部在 7 月正式批准应科院与南京东南大学合作在院内成立"国家专用集成电路系统工程技术研究中心香港分中心"。这是香港首个国家工程中心分中心。它的成立显示出香港的研发实力和成就深受中央政府和内地学术界重视及认同。

张念坤博士介绍，香港通过较高的研发水平开发出的科技产品已经惠及本港，由应科院合作研发并获奖的电子学习 ALS 系统获HKT Education 采用并推出"电子学习方案"。另一个名为"电子教室"的项目，也获本地和海外客户垂青，成功签订了技术授权合约。在电子学习和电子教室两方面的方案，目前都已在本港多间学校试用，以配合教育局在香港推行电子学习的计划。应科院 2012年在创新科技署的支持下，还与政府机构和公共机构紧密合作，将多种新科技布置在现实环境中进行测试。其中运输署在马路上安装他们研发的斑马线灯，试行替代传统的白炽热灯。结果显示这些斑马线灯不但更省电，而且在恶劣天气下仍能稳定操作。这次测试的结果，为政府未来推行以 LED 灯全面取代白炽热灯提供了有力的根据。张念坤博士期望在政府和其他机构的支持下，香港科技界把更多创新科技转化为有实际用途的技术，令市民受惠。

香港科技要重视与内地合作

张念坤博士认为，特区政府根据香港的经济社会发展需要，在科技创新方面做了大量有成效的工作，包括增加对科技的投入，建设研发平台；进一步发挥科技中介服务机构作用，加强科学普及工作；加强与内地合作。其中，与内地合作是香港科技的重点，香港政府要进一步为内地与香港合作创造良好基础。香港的科技公司也一直积极参与国际展览活动，借此推广新科技，内地是这些公司的其中一个主要市场。2013 年 6 月，在福州举行的"中国海峡项目成果交易会"，香港有的企业展出过百项科技成果，并且与当地几家企业签署备忘录，以加强合作。应科院也曾应邀参与在江西举行的"赣港技术、人才合作推进会"，以及两个分别在北京和郑州举行的贸易博览会，以加强与内地的合作。

张念坤博士认为，香港在与内地合作的同时，也要把本地科技推介到世界各地，现在也取得了不少成果。比如应科院的 2D 至 3D 实时视像转换平台，获客户纳入他们的 3D 转换器中。该产品已在欧美市场发售；光学防抖和自动对焦微型相机模组获一个世界知名手机品牌采用；为消费电子产品而设计的智能操作系统则获一间美国公司整合来设计一个家庭云解决方案。随着越来越多的香港出品的科技产品打入欧美发达国家市场，香港的科技地位将会获得更高的评价。

张念坤博士认为，香港近些年来生活成本高昂，可能会抑制年轻人的创业激情。香港应该及早解决竞争力弱化的问题，要时刻不忘科技创新，有突破性创新特性的科技不应纯属应用性质，也须能带给用家新的或不同的体验，或在相关产品的技术方面有所改进。总括而言，香港的突破性创新科技必须以给全世界人类生活质量带来实质改善为目标。

香港应该善于储集人才

张念坤博士认为，香港的科技产业经过多年发展，除了累积了大量技术成果及技术专利，也培育了很多富有创意的研发人才。希望应科院在内的整个香港科技界能够成为"企业家摇篮"，让这批企业家除取得个人成就外，也可协助香港从劳工密集型经济成功过渡至知识及技术型经济。

张念坤博士相信只要好好地培育新生科技人才，科技界将来必定有更大发展和成就。张念坤博士介绍，香港不少科技公司在培养人才方面都有自己的绝招，比如有的公司可透过实习研究员计划培育新一代科技人才。而应科院把技术转让与人员培养结合起来，其中两个成功个案值得分享。第一个个案，创毅微电子（香港）科技有限公司在取得应科院的 LTE 技术特许授权之余，也同时礼聘了 26 位应科院研究人员加入其在香港科技园设立的研发中心。另一个个案，一位来自硅谷的企业家在港创办了 Sana 半导体有限公司，力图在智能电话射频放大器环球市场建立领导地位；Sana 与应科院完成了一个合作项目后，亦聘用了整个研发团队储集人才。香港各界应该积极探索更多的人才培养方式，让香港的科技取得更多成果。

（原文刊于《紫荆》2013 年 12 月号第 278 期）

香港财团的高科技投资之道

李 凌

香港大财团传统业务以金融地产为主，近年来伴随房地产价格的上涨，部分财团开始抽取资金，投资高科技，力图在转型中寻找新的经济增长点。以李嘉诚维港投资为代表的香港资金比较重视从公司种子期就介入培养，关注的投资领域也日益广泛。

从地产大亨到科技教父

恒地主席李兆基及阿里巴巴执行主席马云 2014 年首度在科技领域联手，发展云计算业务。中华煤气旗下名气通电信与阿里云合作，在香港设立数据中心，向东南亚及全球市场拓展。双方推出的云端服务，将以企业客户为主，尤其是本港的金融机构。在此之前中华煤气已经成立卓锐高科（S-Tech），主要从事软件开发、提供云计算及资讯科技解决方案等。

而新地集团利用子公司新意网集团有限公司已经在大力开拓大数据业务，新意网利用数据中心的地位，提供世界级设施及优质客户服务，吸引本地及跨国大型客户进驻。此外，新意网还通过旗下新意网科技及 Super e-Network，提供宽频网络、电视天线系统、卫星电视共用天线系统及保安监察系统。在创业基金投资方面，新意网也投资了不少高科技项目。

不过，近年来最吸引人目光的还是李嘉诚的高科技投资。他旗下的投资公司名叫维港投资（Horizons Ventures），是一家主要投资高新科技中早期项目的创投公司，一直由李嘉诚得力助手周凯旋打理。在以色列，李嘉诚已经被创业者奉为创投教父，因为维港投资在以色列的投资项目十分出色，包括视频软件开发应用 Magisto，数据流量压缩应用 Onavo 和网页文字生成在线视频应用 Wibbitz。从地产商到科技新贵的幕后推手，李嘉诚正在缔造一个个科技神话。

香港财团的科技投资特点

香港财团投资高科技公司大多从本身主业出发，关注与主业关联度高的上下游公司，比如恒地集团和新地集团投资的项目大多集中在为地产配套的光纤、电信等领域。其他几个大的地产商比如新世界等的投资理念类似。不过这些财团对高科技公司投资的范围开始逐渐扩大，以后能否放开手脚大力开拓新的领域，还有待观察。

而维港投资现在完全脱离长实的主业，高科技投资风格独具特色，比如现在大力投资比特币支付平台 BitPay，比如 2008 年以 4.5 亿美元入股 Facebook，后者上市后回报超过 5 倍。同样广为人知的是进入了 iPhone 的人工智能软件 Siri，李嘉诚的投资额仅 1550 万美元，苹果当时的收购价据传是 2 亿美元。维港投资最赚钱的一项投资是在 2009 年以 5000 万美元注资云端音乐播放软件 Spotify，当时估值仅 2.5 亿美元，不久后飙升到近 40 亿美元，回报超过 15 倍。

总体而言，香港资金比较青睐高科技领域首先是网络科技企业，其次是生物科技企业。比如李嘉诚投资人造鸡蛋的项目。他还提到一个农业项目，在一样的土壤、一样水源的情况下，不改变农作物的基因，可以增加 1/3 的产量。再有绿色环保产业，比如中华煤气的很多项目就注重开发绿色能源。其他不少行业包括国防工业、水利、能源、医药等行业的高科技公司，香港资金都有介入。

香港资金还比较重视从公司种子期就介入培养，比如维港投资选择投资项目的时间，大多在初创公司从获得天使投资到进入下一阶段融资之间的空白期，有研究数据表明，初创公司的这段空白期正在变得越来越长，而从价格和时机来看，也正是创投进入的绝好机会。不过这种企业存在先天风险。有人分析说，国际投资大师巴菲特对"科技股"的选择，跟他挑选传统行业股票的眼光其实没有区别，对于企业的未来故事并不关心，也无意帮助企业成长壮大，而李嘉诚的投资则是典型的创业风投。巴菲特投资的 IBM 已经是百岁老人，而维港投资的多个对象，几乎都是创业三年以内的年轻公司。

与李嘉诚投资风格类似的还有香港天使投资脉络。他们的会员十分低调，大都是半退休的行内专业人士，会倾向选择熟悉的投资范围，并重视回本期的长短。目前比较受香港天使投资者欢迎的科技公司是资讯科技类公司，天使投资脉络成功配对了不少这种类型的公司，比如最快能取得盈利的是写 App（应用程式）公司，香港天使投资脉络投资了其中一家 App 业务的公司，短短半年就已经回本。

高科技泡沫会否重临

20 世纪 90 年代是美国经济"低通胀、高增长、高就业"的黄金 10 年。在这期间，以信息技术为代表的高科技产业蓬勃发展，以"新经济"为代表的纳指更是出尽风头。1995年至1999年间，该指数上涨了5倍之多。然而在疯狂投机驱动下，纳斯达克行情严重脱离基本面，最终上演了2000年3月之后的大崩盘。从时年3月11日到次年9月，纳指在短短30个月内暴跌75%，由此成为美国历史上最大的股灾之一，并迅速蔓延到香港，香港科网泡沫随之破裂，给港资沉重打击。

近几年的高科技热潮，最终会否又是一场泡沫爆破，现时港资在积极布局高科技公司的同时，也应该对科技泡沫有所防范。但今时今日的科网发展及应用范围，与2000年时不可同日而语。今日以智能手机、平板电脑为代表的新媒体，以大数据为代表的内容分析，都已经有崭新的发展前景。另外，像新能源、新材料等领域的进步与开拓都不断涌现新的投资机会，港资应该披沙拣金，积极寻找机会。

有记者问李嘉诚如何看待2000年前后的科网泡沫破裂事件。他回答：今天科技领域推动着各行各业实际的改变，这次改变，本质上与2000年完全不一样。我跟很多年轻创业人交谈的时候，发现他们有股很大的热情，改变着我们所认识的世界。他们常常会问自己一个问题，若今天这个行业能重新开始，我们会以今天的模式运作吗？以科技改变运作的方式，是很大的动力，特别是那些能带给现状更高效，更精准运作，更价廉物美的选择。各行各业，都要对运作上的改变高度注意。

（原文刊于《紫荆》2014年6月号第284期）

香港步入无人机时代

徐 福

随着航空科技不断发展，无人驾驶飞机（无人机）系统的应用在发达国家和地区日趋普及。香港紧贴高科技潮流，特区政府也积极尝试引进使用无人机。除了用作空中监察、高空摄影及搜索拯救等工作，政府最近引入无人机做土地测量。无人机在香港社区基建、研究等各方面的应用今后会逐渐扩大，香港正步入无人机的时代。

政府率先使用于测量

土木工程拓展署及地政总署 2013 年获得民航处批准引入无人机系统，斥资约 114 万元置入瑞典固定翼无人机，和香港科技大学研发、深圳制造的旋翼无人机两套设备，全面用于日常土地测量工作。该系统已完成测量将军澳填料库、屯门填料库、安达臣道石矿场和塔门码头等地点。

无人机装有摄影机，配备全球定位系统，可根据输入的特定路线拍摄，又可透过遥控与地面沟通，执行测量工作。无人机可离地100 米低飞，比起传统的以直升机于 6000 米高空拍摄的高空照片准确度更高。无人机拍摄的高空照片或者高清片段，可即时传送到电脑，以便利用数据制作 3D 模型。

无人机测量方式快捷灵活，有助于提高效率和成本效益。土木工程拓展署高级土地测量师李玉光表示，如以传统方法测量大型地盘安达臣道石矿场，需时两至三个星期，而无人机只需一日便可完成拍摄，再进行数据分析。此外，无人机系统具有自动导航功能，可到偏远或危险地点进行测量，如遇上下雨后地盘湿滑，使用无人机在空中拍摄，亦较安全。该系统也可用于形变测量，如防波堤变形监控。

但李玉光表示，无人机不可完全取代传统人工测量。其一，无人机电池续航力不足是一大问题，固定翼无人机可连续飞约 30 分钟，适用于大范围测量；而旋翼无人机每次只能飞约 10 分钟，利于定点拍摄；其二，无人机未能测量密林阻挡的土地和室内土地；其三，使用无人机高空测量受制于天气状况；而且，现时后期处理无人机收集的数据往往需要较长时间，须尽快加装先进软件系统才能加快运算速度。

无人机于各国的应用

由于无人机航空遥感系统实时性强、机动灵活、影像辨析率高、成本低，且能够在高危地区作业，已成为世界各国争相研究的热点课题。

无人机于欧洲投入社区服务。Air Drone Postal 是法国邮递系统 La Poste 和本土无线设备制造商 Parrot 合作的无人机项目，主要为 La Poste 投递报纸。他们首先在靠近用户的邮局预先部署了 20 台无人机，由 20 名训练有素的工人操控，每天早上 7 时开始投递报纸。Air Drone Postal 可以通过 iOS 和 Android 电脑系统控制，每台售价约为 270 美元。

因美国国会要求于 2015 年 10 月起对无人机开放美国空域，相关限制正在逐渐放宽。据美国联邦航空局指，2013 年 6 月 8 日，美国无人驾驶飞行器制造商航空环境公司获准利用一架机长 1.3 米，翼展 2.7 米的 Puma AE 无人机，在阿拉斯加州的普拉德霍湾油田，为英国石油公司巡查石油管道、道路及有关设备情况。这是美国首次批准无人机在陆地上空进行商业服务飞行。

无人机派递货物成为大型网上商店及速递公司的发展新方向。澳洲线上教科书租赁公司 Zookal 的无人机送快递正准备进入商用阶段；内地速递公司顺丰速运亦正试验以无人机派快递；美国最大网络销售商亚马逊（Amazon）公司亦正计划于 2015 年推出即时递送服务 Amazon Prime Air，利用无人机投送包裹，提供 30 分钟取货的服务。

无人机在港应用成趋势

但无人机未来发展仍面临很大难题。中国快递咨询网首席顾问徐勇认为，无人机的安全飞行、专业操作、场地要求都比较高。配送需要精准定位，对技术的要求较高。由于低空空域限制、密集住房等问题，无人机直接面向客户的实施难度很大。而且无人机需持续维修保养，成本很高。即使不转嫁给消费者，对企业的成本压力也不少。

安全问题是公众对无人机的最大疑虑。树木、电线、高大建筑物等障碍物可能致无人机掉落，危害公众安全。运输及房屋局局长张炳良表示，无人机属航空器的一种，受民航条例规管。根据飞航（香港）令第 100 条，重量不超过 7 千克（不计燃料）的飞机属小型航空器，市民使用该类小型航空器，不需要向民航处申请"飞机登记证"及"飞机适航证"。然而，操作该等小型航空器仍受飞航（香港）令第 48 条监管，任何人士不得因鲁莽或疏忽操作航空器而危害他人或财产安全。

早前有立法会议员担心使用无人机高空拍摄，公众私隐或会被侵犯。一般而言，安装摄录机以拍摄他人影像，并储存摄录片段，以用作识别有关人士身份，便属于收集和使用"个人资料"，受隐私条例，包括当中的保障资料原则规管，使用无人机进行摄录，也受规管。

尽管无人机发展尚有很多问题，但其优势仍毋庸置疑，无人机的应用亦将延伸至其他政府部门：房屋署计划使用无人机对一幅拟议公屋用地进行初步土地测量；渔农自然护理署会利用无人机在郊野公园进行生态研究。另外，渠务署拟用无人机检查其辖下的污水处理设施；而天文台也正考虑使用无人机，进行气象及辐射监测工作。无人机于社会中被广泛应用必成未来大趋势。

（原文刊于《紫荆》2014 年 8 月号第 286 期）

香港青年创业热潮兴起

郁 新

过去三年全球经济环境稳定，有利营商。而近年资讯科技发展迅速，造就商机之余，亦大大降低创业及营商成本。另外，受到成功创业例子、政策配合和社会人士大力推动等因素影响，香港社会逐渐形成鼓励青年创业的风气。

香港青年成功创业者增多

最近，香港的青年才俊积极创业，成绩令人瞩目，以"翎客航天"为例，这是内地首家提供探空火箭发射服务的私人企业，有人投资人民币 1600 万元，换取 16% 的股份，也就是说"翎客航天"的估值是人民币 1 亿元。"翎客航天"一共包括 3 名员工：华南理工大学在校生胡振宇，美国密歇根大学硕士、清华大学博士严丞翊和火箭爱好者吴晓飞。其中，严丞翊是香港人，2001 年以全年级第一名以及香港中学会考 8A 的优异成绩获得"年度学者奖"，作为物理系拔尖生提前进入香港科技大学。毕业时，荣获理学士一级荣誉。在美国工作两年后，回到祖国，读书、创业，成绩非凡。

创业成功者还有香港兄弟俩曾建中与曾建豪，两人于 2006 年一同毕业于香港科大，曾建中原任银行销售员，曾建豪从事信息科技工作，他们在 2008 年用 6 万元储蓄创业，编写了一个电子卡网站，2012 年 1 月底推出转珠游戏"神魔之塔"。内地科网公司云游控股最近宣布斥 7000 万美元（约 5.43 亿港元）购入"神魔之塔"近两成股权后，两人一夜间成为亿万富豪。

另一家成功的香港新创公司是 Ever App，他们自制研发战略卡牌手机游戏"十三传奇"，在中国香港地区、新加坡拿下卡牌类游戏第一名，在中国台湾地区、美国及比利时也有第二名成绩，"十三传奇"上线三周，全球已有 20 万下载量，活跃玩家有 5 万 6 千名。未来计划进一步发展手游电竞市场。

香港贸易发展局最新一项调查发现，香港青年的创业意向显著上升，新晋及计划创业者的比例合计为 15%，较 2011 年同样的调查上升 8 个百分点。其中，新晋创业者（创业三年或以下）的比例为 5%，较 2011 年上升 2 个百分点；计划创业者（有计划于未来三年创业）的比例由 2011 年的 4%，上升至 2014 年的 10%。

资讯科技是香港青年创业重点

以资讯科技创业是近年一大潮流，贸发局的调查中约有 12% 的受访者以此创业，当中不少与开发手机应用程式有关。因为资讯科技创业的成本非常低，除了创业者本身的知识投入外，所需的资源不多。

另外，资讯科技给予青年创业者极大优势。创业者可以利用网上平台、社交网络或手机应用程式这些几乎零成本的宣传方法推广业务。调查显示，95% 受访者曾利用网上平台、社交网络或手机应用程式推广产品或服务，当中以设立社交网络户口的比例最高（78%），较以设立公司网页的比例（58%）还要高；亦有 20% 利用网上平台、社交网络或手机应用程式直接销售或交易。

香港城大商学院副院长李娟认为，年轻创业者当下要把兴趣变为一盘生意，应立足于用户去考虑提供的产品和服务，推出的产品和服务亦应顺应新的环境而产生，并且善用互联网推广产品和服务。

香港各界积极支持青年创业

过去三年受到成功创业例子、政策配合和社会人士大力推动等因素影响，香港社会逐渐形成鼓励青年创业的风气。

香港城市大学商学院助理院长谭桂常建议，香港教育界应加强培训青年学生有关创业及营商管理等方面的知识，帮助他们培养市场触觉及创新思维。谭桂常表示，年轻人创业面对的隐忧是大部分年轻人创业只为兴趣及取得成就，却于创业前没有充分了解行业及市场需要。

香港不少组织和机构一直提供各项服务支持青年创业。"创业日"活动是香港贸发局支援创业的重点项目之一，他们每年都会举办展览，提供各类创业资讯和商机，包括特许经营、生意买卖、网上创业、创立微型企业及社会企业、募集资金平台、创业基金和培育计划等，以及多元化的支援服务，初创企业更可从中寻找合作伙伴或投资者，开拓更多商机。

香港科技大学也十分重视支持学生创业，他们的大学生创业团队2012年就跻身"亚洲创新论坛青年创业大赛"6强；2013年获"E挑战杯——创业计划挑战赛"冠军。香港科技大学实施"辐射式"的创业教育运行与管理模式，2000年创办校创业中心，作为负责协调和指导全校创业教育的专门机构，并设有众多的创业教育专业"董事会""委员会",为创业学生提供创业工作空间、业务咨询、系列化孵化设施、协助引进风险资本等,参与学院实质性的创业教育课程,培养和提升了学生的创业精神和创业技能,助推成功创业。

香港青年协会为青年创业者提供创业启动金,成功申请者将可获得最高港币 10 万元免息贷款,作为开展业务的本金。香港青年协会还提供创业指导及专业咨询,安排工贸团体及商业服务机构,为青年创业者提供专业顾问服务,并为青年创业者提供或协助联系业务运作时所需的硬件、资源及支援,以及为青年创业者建立商业网络。

（原文刊于《紫荆》2013 年 10 月号第 276 期）

港三千项目引进　着重技术创新

君　都

　　"这是本署发展的一个重要里程碑"，香港投资推广署署长贾沛年9月4日在记者会上如是表示。这一天，随着巴林ASB生物柴油厂在本港正式落户，香港投资推广署成功完成了第三千个投资项目。

　　"3000"，为了这个数字，他们花了13年的时间。自2000年成立以来，香港投资推广署引进的企业，投资额近790亿港元，开辟新职位达33950个。

香港引资表现不断向好

　　引资项目数据持续向好，反映香港继续成为亚洲区内最受欢迎的经济体系之一。最新的数据显示，在全球化指数、经济自由指数、世界竞争力排名及金融发展指数方面，香港在全球的排名当中均名列前茅。

　　截至2011年，流入香港的外来直接投资金额达6470亿港元，按年同比增长17%，根据联合国世界投资报告，该外来直接投资流入在全球排名第四，在亚洲仅次于内地（约9610亿港元）位居次席。

2012 年，香港投资推广署共完成了 316 个投资项目，创造了 2937 个新职位，与客户会面的次数达 5988 次。这些数字较 2011 年分别增长 4.3%、8.14% 及 10.9%。2013 年相关的数字有望再创新高。早前，该署宣布，截至上半年，共协助了 213 个投资项目来港开展和扩充业务，数字刷新了历史纪录。

"虽然环球经济存在变数，但个别市场仍保持良好的增长，因此，我们有信心完成全年定下的 330 个投资项目的目标。"贾沛年说。

投资、消费和出口是拉动经济增长的三驾马车。投资当中，包括本土投资和外来直接投资（FDI）。香港投资推广署重视发挥香港作为亚洲商业都会的优势，致力引进外资，利用外企带来的创新技术和知识，促进本港生产力和竞争力的提升。但香港投资推广署在引进投资项目时并非照单全收，而是"精挑细选"。

香港作为发达的经济体，在选择引进投资项目时有完善的规划和引导，引进的考虑是，除了保护当地经济健康发展，更要避免社会资源重复浪费，以及避免投资项目对当地的经济结构和生活环境带来的不利影响。即引进策略不是"来者不拒"。

"虽然我们欢迎任何类型的企业来港投资发展——只要他们至少在本地聘请一名员工，不过，我们也会考虑全球和本地经济发展的趋势，因此在引进外来资本时，在资源的投放和关注上会有优先选择。"贾沛年在接受记者访问时这样说。

除此之外，贾沛年又表示："我们也会针对行政长官及财政司司长分别在施政报告和年度预算案中提及的重要经济方向，据此，在不同国家寻找有潜力在香港发挥他们优势的企业来港开展业务。"

重点引进八大重点行业

紧贴着全球和香港经济发展及产业环境的变化，香港投资推广署在引资方面应时而变，且有所偏重。

从行业分布角度分析，香港投资推广署重点引进八大重点行业，分别是商业及专业服务（BPS）、创意产业（CI）、消费产品（CP）、财经及金融服务（FS）、创新及科技（IT）、资讯及通信技术（ICT）、旅游及接待（TH）以及运输及工业（TI）。这些行业涵盖了当前香港经济发展的主要方向。

根据香港投资推广署提供给本刊的资料，TI 行业是引进投资最为活跃的行业。在 2011 年及 2012 年，该行业引进的投资项目分别为 46 个及 48 个。2012 年，上述八大行业引进项目数量排名分别为：TI、TH、IT、FS、CP、BPS、ICT 及 CI；2011 年则为 TH、TI、IT、FS、CP、BPS、ICT 及 CI。

从香港投资推广署的年报中不难看出，该署在向海外推介香港优势之时，主要把重点放在了"金融服务""环球企业进驻香港""国际机构""中小企业"以及"新创企业"（Startups）方面。

实际上，五大方面紧贴香港的优势和当前企业发展的趋势。香港优势突出反映在金融服务业。在香港发展人民币离岸中心的背景下，香港投资推广署自 2010 年开始，便联合包括财经事务及库务局、香港金管局等机构，在全球范围内宣扬香港作为中国金融中心的角色。

而在反映当前企业发展的趋势上，则大力吸引新创企业，即在发展阶段最初期的企业，开业不超过两年，没有任何母公司的企业。贾沛年说，"我们联系那些新型的、增长型的行业公司是很重要的。"目前，香港投资推广署对海外新创企业和有意通过香港开展全球业务的企业增加了关注。

新创企业是目前全球最大的职位创造和经济增长推动力之一。2012 年，新创企业占香港投资推广署引进项目的 14%。2013 年，该署更是举办了"Startmeup HK 创业计划 2013"活动，力图借此吸引更多的新创企业家关注香港，来港设立业务。

香港投资推广署努力吸引创意产业来港设立业务。2010 年年初，香港投资推广署特别成立了创意产业团队，专事照顾创意行业的投资者。创意产业的投资项目因此在近年稳步提升。目前创意产业的投资项目占香港投资推广署投资项目的比例约为 10%。

争作内地"走出去"的跳板

香港投资推广署亦十分重视香港作为内地企业"走出去"的平台作用。国家鼓励内地企业"走出去"的政策背景令香港看到了机遇。为鼓励内地企业将香港作为"走出去"的重要跳板，香港投资推广署帮助越来越多的内地企业来港设立业务。

2012 年，内地继续成为香港引进投资项目的最大来源地，全年共有 62 个完成项目，较 2011 年的 56 个为多。

"香港欢迎外来企业来港投资，我希望未来可以看到 4000 个至 5000 个投资项目。"苏锦梁 9 月 4 日在出席香港投资推广署的记者会上表达了他的期望。目前香港境外有意来港投资的项目达 700 个，若是如此，按照如今每年 300 个以上的投资项目，相信香港投资推广署不会让苏锦梁的期望等上太久，起码无须再花 13 年。

（原文刊于《紫荆》2013 年 10 月号第 276 期）

第六章　文化生活

回归后的香港文化更加自由多元

高　峰

香港回归 20 周年来，"一国两制"实践取得举世瞩目的成就，香港各项事业得到长足发展，文化艺术取得的进步正是其中令人鼓舞的部分。"我们的文化环境更加以人为本，更加多元发展，创作更加自由。"在本刊专访香港民政事务局副局长许晓晖时，她这样概括香港的文化发展。许晓晖对香港文化发展可谓如数家珍，这与她对香港文化投入的巨大热情和心力息息相关。她每年参加无数的文化活动，"我们除了为文化界提供更好的文化环境，也要多与他们接触，了解他们的想法和诉求，同时让他们感受到香港特区政府对文化领域投入的热切关注。"正是怀着这样的使命，许晓晖奔波于香港文化界的各个领域，成为香港文化界一道独特的风景。

香港文化政策不断丰富与完善

记者：回归 20 周年，香港的文化发展有哪些变化？

许晓晖：在过去的 20 年中，香港的文化政策更加清晰、更加聚焦。香港回归后，第一届政府成立了文化委员会，在文化政策上提出很多建议。这些建议不断落实到具体的文化政策中，使得文化政策进一步丰富和完善。

● 图6—1—1　许晓晖对香港文化发展可谓如数家珍，这与她对香港文化投入的巨大热情和心力息息相关

　　我们现行的文化政策是希望为社会各界提供广泛参与的机会，让不同的艺术团体和艺术家有更自由的创作环境，让他们更加多元、均衡地发展。而且，由于香港独特的文化特点，我们在传统文化与创新之间，也力求做到更好的平衡。我们还着力打造香港成为文化交流的枢纽，到今天为止，香港一共与15个国家及地区签署了文化合作备忘录。

　　可以看到，过去的这段时间，香港的文化环境更加以人为本，更加多元发展，更加自由开放，与世界各地文化团体合作更加紧密。香港特区政府更是全方位地为文化艺术发展服务。在我进入政府工作的八九年间，政府投入文化的资源不断加大。我刚进政府工作时，政府对文化的投入大概是29亿港币，到今天已经超过40亿港币。政府对于文化艺术更加重视，投入面更加宽广，到今天为止，香港已经有超过 1000 个文化艺术团体，每年的演出超过了 8000 场次。

两地文化交流合作日益频密

记者：回归后，两地文化界的交流日益频繁，请您谈一谈这方面取得的进展如何？

许晓晖：是的，回归后香港文化界与内地的交流不断加大。这部分又分为三个方面：一是香港文化艺术团体到内地进行交流；二是内地的文化艺术团体到香港交流；三是两地文化艺术团体一起"走出去"。这三方面在过去 20 年间都越来越频繁且不断充实。

这首先得益于交流平台不断扩展。其中一个重要的平台就是粤港澳文化合作论坛。这一论坛建立了粤港澳文化合作框架，在 6 个领域展开合作，包括演艺、文博、非物质文化遗产、人才交流和节目合作、资讯交流、文创发展。比如在非物质文化遗产方面，2009年粤港澳三地共同努力，使得粤剧成功地被联合国教科文组织列入"人类非物质文化遗产代表作名录"。在戏剧、舞蹈等领域，粤港澳三地也积极合作创作各种节目、举办各种论坛、推动各种文化交流。在这种频繁的交流中，各种艺术团体之间的关系更加紧密。

香港到内地交流越来越频繁。香港的九大艺术团体都多次到内地演出过。除了大型团体之外，近年我们也看到一些中小团体，有些是在政府资助下到内地交流，有些则通过中介机构到内地演出，是更具市场化的运作方式。内地艺术团体到香港交流就更加频繁和多元。每年香港艺术节均有他们的演出，康文署筹划的一些艺术节也有他们参与。还有一些艺术团体，通过自己的渠道到香港演出或展览。文化部每年也与我们有不同的合作，比如每年中秋节的"香江明月夜"晚会、每两年一次的"根与魂·中国非物质文化遗产展演"，从 2017 年开始文化部的品牌节目"欢乐春节文化庙会"也来到香港，展现更加多元的中国文化。国务院侨务办公室每年在香港举办"文化中国·四海同春"，我们在场地上也给予大力支持。这些都是两地文化艺术交流在过去 20 年取得的成就。

此外，两地文化艺术界共同"走出去"也取得不少成就。2013年，粤港合作促成舞剧《清明上河图》赴北美洲登台演出，这是两地合作"走出去"的一次成功实践，还有很多其他不胜枚举的例子。

多个文化领域成就享有国际盛名

记者：提到文化"走出去"，香港文化因其独特风貌，一直受到国际社会关注。那么，在国际文化艺术界，香港文化的哪些领域更加令人关注？

许晓晖：香港文化界在国际范围内取得的成就，有几个领域特别让人鼓舞。一是艺术品交易市场方面。香港已经与伦敦、纽约三足鼎立，成为全球三大艺术品交易中心。刚刚过去的巴塞尔艺术展等，每年吸引超过十万人参加，全球超过 200 多家画廊积极参与其中，香港在艺术品交易市场中的地位可见一斑。二是香港书展。它已经成为亚洲甚至全球最大的华文书展，每年超过一百万人次参与。这在短短的一周内算是一个奇迹。三是建筑设计领域不断开拓。除了参与不少国际项目，香港的建筑设计在远至印度、非洲等地都有不同建设，把香港设计带到了全球各地。香港的服装、商品设计也越来越受到世界重视。四是电影领域依然保持活力。每年各大国际电影展都有香港电影的身影。虽然香港的市场比较小，但是香港影视界人才大量输出，参与制作的作品受到世界广泛认可。此外，我还想提的就是香港在水墨画上取得巨大进展。香港水墨画有特别丰富的含义与内涵，传统与现代结合、东风与西方交融，令它具有独特风貌和价值。2017 年 8 月，香港民间会举办全球水墨画大展，为水墨画做更好的定位。这次水墨画大展把全球水墨画 500 强的作品做一次集中的展示，如果筹集的资源允许，还将制作精美画册，赠送给世界各地的博物馆，在国际美术界为当今水墨画的整体面貌奠定一块基石。

香港文化发展大环境会越来越好

记者：您如何看待香港文化的未来发展？香港特区政府在推动文化发展方面有哪些举措？

许晓晖：我们希望香港的文化艺术发展更加全面、平衡，并能够得到有机发展。文化发展很难做过分明确的规划，因为它有自我演变的规律。2018 年，西九文化区的戏曲中心将要建成，还有 M+博物馆、故宫文化博物馆以及其他场地也将陆续落成。不仅是西九文化区，香港其他硬件建设也在开展，包括东九文化中心的建设、香港艺术馆的重开等，随着这些硬件逐步完善，香港文化艺术发展的大环境会越来越好，发展会更具活力、更加蓬勃。

在文化艺术推广方法上，我们一直在推动文化艺术与生活结合，让市民大众在生活中感受艺术，而并非一定要到特定场所才能接触。比如为庆祝香港特区回归 20 周年，我们特别推出"城市艺裳计划：艺满阶梯"户外艺术项目，以香港艺术馆藏花卉为内容的作品，配合四季主题，为各区的阶梯穿上花装。作品涵盖古今中外，既有传统国画大师作品，亦有 19 世纪的历史绘画；更包罗当代作品，又有纺织品、漆器和竹器等文物。此外，更会每月于不同地区举行各种教育活动，希望透过阶梯的展出和配套活动，使大家

● 图6—1—2　香港艺术馆因大型维修工程而闭馆，但在闭馆期间安排了流动艺术车，从而将艺术带到社区、学校。图为学生参观流动艺术车

在日常生活中亦能感受艺术与自然的趣味。另外，香港艺术馆因大型维修工程而闭馆，但在闭馆期间安排了流动艺术车走访各社区，车内设有导赏员，从而将艺术带到社区、学校，令平日可能较少机会到艺术馆的市民更方便接触到文化艺术。我们还与一些义工团队合作，希望以后会有更多的文化推广志愿工作活动，为市民大众做更多更好的引导；而且教学相长，志愿者们也会提升自身对文化艺术的认识。

　　在文化艺术推广的内容方面，我们一直在加强对本地文化艺术、历史等方面的探讨。香港艺术馆重开以后，会为香港艺术发展做更好的研究。非物质文化遗产是香港本地文化一项非常重要的资源，我们也会进一步加强研究整理。上个月，我们在立法会公布了对10项本地非物质文化遗产列入香港非物质文化遗产代表作名录的建议，连同已成为国家级非物质文化遗产的 10 项，名录共有 20 项重要的本地传统文化，让我们更聚焦保育。

记者：香港特区政府在文化艺术普及方面取得的进展，确实令人印象深刻。那么，在专业领域，也就是精致艺术方面，香港特区政府又有哪些推动政策？

许晓晖：在精致艺术方面，我们每年大概拨款 3 亿多港币给予九大艺术团体，令他们有固定的资源去创作，同时也会推介他们去外地交流。我们还有一个场地伙伴计划；在一些场馆，比如香港大会堂、香港文化中心以及其他会堂，将特定的日子留予他们使用，令他们有固定的地方进行演出，不需要再特别申请，为他们安排演出提供便利。此外，我们也为艺术人才提供出外交流和培训机会，以进一步扩展视野与经验。

● 图6—1—3　2016 年 7 月 17 日，香港青少年在北京梅兰芳大剧院体验画脸谱并观赏京剧

为青少年提供多元发展平台

记者：青少年发展是香港社会各界关注的话题，民政事务局在这方面也肩负重任。请您介绍一下有关这方面的情况。

许晓晖：我们在青少年工作方面，共有四个主要范畴，包括交流、实习、义务工作、创业创新，总的目标是给青少年提供多元的发展平台。在交流方面，我们提供资源让不同团体作为主办机构去组织，这些交流每年包含越来越多的历史文化元素，让青少年在交流中，了解不同地方的历史文化，得到更多熏陶。在实习方面，我们有专题的实习计划。这些计划以前更多是到商业机构、公司实习，近年也增加了到文博机构实习的机会。最近，我们与北京故宫博物院合作，进行了一些青少年交流活动，并提供在故宫实习的机会。这一交流 2016 年已经开始。有同学实习回港后，因为有了这样难得的经验，很快就获国际拍卖行聘请。在义务工作方面，目前主要以文教类为主，例如有些青年人参与了青年服务团，到不同地方去支教，有些是教英语，有些教授文化艺术。这些支教活动，对参与者的成长产生了很大的正面影响。

至于创意创业方面，我们推出"青年发展基金"，一方面提供"创业配对基金"，以资金配对的形式，与非政府机构合作，支持青年人创业；另一方面支持开展"具创意的青年发展计划"，资助非政府机构举办现有计划未能涵盖的创新青年发展计划。这些创意创业资助都不预设限制，申请团体可以按照他们认为如何更好地服务青年人创意创业的方向去规划，从而在协助青年人创业创新的同时，又给予他们充分发展的空间。

（原文刊于《紫荆》2017 年 5 月号第 319 期）

让文化成为市民生活的一部分

——香港特区政府民政事务局副局长许晓晖

高　峰

　　香港是一个国际化都会，文化发展需要经济金融介入，文化发展也会给经济金融发展带来推动。而在影响香港文化发展的所有因素中，转变观念最重要。观念改变，不只依赖于文化生态提升，更依赖于社会整体形态进步。让文化成为市民生活的一部分，是一个长期过程，也是一项长远挑战。

　　"你看政府大楼旁边的雕塑陈列，还有咖啡馆两侧墙壁上的画作展示，都是鼓励公众参与公共艺术的方式，也给生活增添了艺术气息。"坐在政府大楼旁边的咖啡馆里，香港特区政府民政事务局副局长许晓晖接受本刊记者采访。她指着我们触目可及的艺术品，向我们阐释她的文化理念："文化的培育过程就如一滴一滴的水滴，细水长流，潜移默化，使文化最终成为生活的一部分。"许晓晖对文化的理解，来自她对香港社会与国际环境的整体观察。加入政府之前的十几年，因为工作原因，许晓晖去过很多地方，目睹了世界各地的兴衰变幻，尤其眼见香港的自信与朝气伴随着新兴经济体的崛起而日渐消退。一个单纯的经济香港缺乏更深层的内在动力支撑它从这种消退中复原。而在许晓晖看来，文化或许正蕴含着这种动力。"让文化丰富我们的心灵，让文化的沉淀助推社会的发展。"许晓晖说，"这种观念的改变，对我们来说是一个长远挑战。"

从经济香港到文化香港

记者：香港是一个国际化都会，它的文化发展必然与它的这一身份特质密切相关。您如何看待这一问题？

许晓晖：香港一直以发展经济为主，经济香港、金融香港已经发展成熟，也成为人们对它的固有印象。如今，发展文化香港，也是在这一背景中提出来的。其实经济香港、金融香港、文化香港并不截然对立，而应该相互推动。文化发展需要经济金融介入，而文化发展也会影响经济金融发展。

美国西雅图的商界每年向文化界投入大量资金，已经形成良好的文化生态。而在香港，这种生态还没有形成，文化仍然主要靠政府推动，虽然目前有一些私人展览场所出现，但演出的私人场地仍然缺乏。所以说，香港在推动鼓励商业力量介入文化中还大有可为，这也是香港在国际化都会这一背景下，发展文化的一种路向和优势。

记者：刚才我们谈的是香港文化发展的外部环境。那么，您又如何评价香港文化发展的内在潜力？

许晓晖：香港文化有自身的特质。它承传了岭南艺术，又融汇传统与现代，产生了很多个性的艺术。最近备受大家关注的电影《一代宗师》入围奥斯卡，是香港电影零的突破，也是香港文化获得国际肯定的一种表现。我相信，只要我们深耕本土，在以人为本、多元发展、创作自由等原则的推动下，香港文化的发展会更令人期待。

全方位推动文化发展

记者：您刚才谈到，在目前香港文化的发展中，政府依然扮演重要角色。请您谈一下政府在推动文化发展中的举措。

许晓晖：香港特区政府重视对文化发展的持续投入。每年投入超过30亿港币，约占政府开支的1%。其中九大艺术团体恒常拨款超过3亿港币，中小型艺术团体超过2亿港币。

在培育人才方面，香港演艺学院每年培育超过900名六大艺术范畴的学员，其他院校也开办了艺术文化教育课程。康文署"艺术行政人员"及"博物馆见习员"计划，艺发局"人才培育计划"及"文化实习试验计划"等在人才培育中同样发挥了重要作用。另外，政府还资助21个场地伙伴艺术团体培育艺术团体行政人员。

政府为拓展观众也不遗余力。全港每年平均有超过30000项演出。其中4000多场由康文署筹划。音乐事务处每年训练8000名学员，有超过17万人次参与举办的相关活动。政府还利用"学校文化日""学校艺术培训""高中生艺术新体验"等计划服务超过18万人次的学生。

此外，我们还通过每年举办香港艺术节、香港国际电影节、香港书展、香港文学节、中国戏曲节等活动实现艺术推广与交流。在非物质文化遗产保护方面，政府展开普查，建立数据库，用心很深。

记者：除了您刚才提到的恒常举措之外，香港政府在进一步推动文化发展中有哪些新的规划？

许晓晖：目前香港备受关注的文化规划应该是西九文化区的建设。西九文化区管理局获得一笔拨款推展此项计划，其核心设施包括15个表演艺术场地、以20世纪至21世纪视觉文化为主题的

M+ 博物馆。现在项目建设已经进入法定规划程序，为多项设施筹备设计比赛，其中戏曲中心已经破土动工，成为第一个在建项目。

在硬件建设之外，文化软件的发展也在同时展开，即拓展观众群、人才培训等。为戏曲中心先期试验的西九大戏棚已经举办 3 届，不论是节目还是观众都在逐届拓展。特别是 2014 年的大戏棚，中国戏剧家协会受邀率梅花奖艺术团前来演出，京、昆、越以及多剧种的精彩演出获得香港市民热烈追捧，给戏曲中心建成之后的发展打下了很好的基础。此外，"自由野"等文化活动也有很好的反响。这些活动与硬件建设一起共同为西九文化区打造未来。

加强文化交流与推广

记者：香港文化的发展离不开与外界交流互动。请您谈一下这方面的情况。

许晓晖：香港作为国际化都会，给文化交流提供了一个很好的平台。目前，我们已经与 13 个国家签署文化合作谅解备忘录，与内地及其他地区建立了广阔的文化网络，包括与内地签署文化合作协议、港台文化合作论坛、在台北举办"香港周"、亚洲文化合作论坛，等等。

这些交流给双方带来艺术推动。2012 年由康文署与陕西省文物局联合主办了秦兵马俑展——"一统天下：秦始皇帝的永恒国度"。展览中我们借助创新多媒体技术再现兵马俑的磅礴气势，得到陕西方面肯定，这就是文化交流带来的文化灵感碰撞。

北京繁星戏剧村与香港导演叶逊谦联合成立"叶逊谦导演工作室"，代表了更深入的文化交流方式。音乐剧《莎翁的情书》是其成立后推出的第一个作品，上演百场，好评如潮。他们的又一部音

● 图6—2—1　2013年1月11日,《清明上河图》在美国首都华盛顿肯尼迪艺术中心上演

乐剧《我的长腿叔叔》也已上演,同样受到关注。由此可以看到这种交流是有效的、可以持久推进的。

记者:对比香港文化发展以及对外交流推进,反观文化宣传推广则力度相对较弱。您怎么看待这一问题?

许晓晖:我觉得这跟整个社会氛围有关。大家关注的是商业,连报刊的文化版面也一再缩水,这是需要长期去改变的状况。为了让市民更便捷地接触了解文化活动,我们开发应用了"文化在线"的软件,通过这一手机应用程式,适时向使用者发放文化节目最新资讯,涵盖康文署主办或与其他机构合办的文化节目,根据场地伙伴计划赞助的节目,以及康文署的电影节目和博物馆专题展览。

转变观念最重要

记者:香港文化发展面临的机遇很多,但也有不少障碍。您认

● 图6—2—2　2017年4月5日，香港苏富比中国艺术品春拍在香港会展中心举行

为最主要的障碍是什么？

许晓晖：我认为影响香港文化发展的所有因素之中，转变观念最重要。由于历史发展原因，香港一向重视商业、崇尚效率，喜欢立竿见影。但文化发展是几代人的事情，不是今天播种，明天收获。这种急功近利的文化发展观需要转变。

另外一个则是艺术教育观念转变。香港的艺术教育其实很发达，但最终目的只是为了拿到一个证书，之后就将艺术荒废掉了。其实，学艺术的不一定从事艺术专业，学其他专业的也可以关注艺术。艺术是应该伴随每个人一生的事情。所以，在艺术教育中应该转变实用主义观念。

此外，文化消费观念也需要转变。很多人买名车买名表不惜重金，但在文化消费上却没有动力。希望他们在消费观念上对文化演出也有同样的关注与尊重，尤其是对本地艺术家能给予更多支持。

这些观念的改变，不只依赖于文化生态提升，更依赖于社会整体形态进步。真正让文化成为市民生活的一部分，是一个长期过程，也是一项长远的挑战。

（原文刊于《紫荆》2014 年 3 月号第 281 期）

中西合璧培育香港独特文化

——访艺术发展局主席王英伟

黎知明

香港，被誉为亚洲动感之都。繁华的商业外表背后，掩饰不住的是深厚而多元的文化艺术气息。一百多年的英国管治历史，与一代代恪守中华文化传统的华人居民，在这块土地上碰撞出了中西合璧的文化景观。自由开放的风气，有容乃大的胸怀，使香港成了多元文化交流汇聚之地。香港逐渐形成具有自己特色的文化艺术生态。回归以

● 图6—3—1　香港艺术发展局主席王英伟

来，随着国家经济社会文化飞速发展，香港文化艺术的发展走向何方？两地文化艺术交流情况如何？以及一直介入推动香港文艺发展的艺术发展局（以下简称"艺发局"）将会扮演什么样的角色？带着这些问题，记者采访了2011年新上任的香港艺术发展局主席王英伟先生。

华人世界的中国文化中心

王英伟认为，香港文化艺术的特色是中西合璧，自由多元。其中，又继承了浓厚的中华文化艺术传统。

香港自开埠以来，由于殖民地背景，西方文化从一开始便影响至今；但是它又是一个华人社会，传统中华文化的影响渗透港人生活方方面面。一百多年西方文化与中华文化相生共融，形成今天香港中西合璧的文化形态。文化反映在生活中，最典型的一个例子就是在日常说话时常常中英混杂，而且是很自然地脱口而出。

另外，长期以来，香港一直是存留中华文化艺术传统最完整的地方。当内地因为战乱，因为"文革"等政治运动，传统文化被破坏甚至几乎中断的时候，香港的中华文化，依然在闪烁耀眼的光芒。很多内地早已见不到的传统习俗或文化遗存，在香港仍然可以见到它的踪影。王英伟说，香港对中华文化艺术的传承，使香港在很长一段时间里，尤其在中国改革开放前，成为华人世界中国文化艺术中心。海外华人了解中国文化艺术，都要通过香港这个窗口。

而香港自由开放的氛围，吸引了世界各地，尤其是亚洲各地文化艺术来到香港交流汇聚。除了本土固有的中华文化艺术、殖民地时期传承下来的西方文化艺术外，各种文化艺术纷纷在香港舞台上粉墨登场，自由表达。有的已经扎根香港，渐渐形成了香港文化特色的又一方面——多元自由。在这种自由开放氛围下，也影响新一代艺术团体、艺术工作者的大胆创意，推动香港本土文化艺术发展。

文化艺术交流日益频繁

回归以来，香港与内地交流日渐增多，尤其是 CEPA 实施以来，两地交流更加密切，文化艺术交流也日益频繁。每年3月的香港艺术节，都会邀请内地知名艺术团体前来香港。2010年，开始举办每年一届的中国戏曲节，更是邀请内地各大剧种优秀艺术团体来香港演出。在广州，观众可以很容易看到香港话剧团演出。在北京，也能欣赏到香港粤剧名家盖鸣晖表演。艺发局作为政府设立的

● 图6—3—2 2011兔年春节香港花车巡游礼

推动香港艺术全方位发展的机构，也积极支持两地文化艺术交流。王英伟介绍说，在过去几年里，艺发局一直都在推动香港与珠江三角洲的文化艺术交流计划。2009年更主动筹办长三角演艺/视艺场地考察团交流活动。这次活动促成2010年上海世博会期间，举行了"京港沪三城青年戏剧导演作品世博展演季"，加强了港沪两地之间的文化艺术沟通。

国家"十二五"规划提出，中央要支持包括文化创意产业在内的香港六大优势产业发展，支持推动两地文化艺术交流与合作。"十二五"规划给香港文化艺术发展注入强心剂。王英伟表示，香港得到中央重视和支持，不是香港被规划，香港是主动要求参与国家的发展规划，主动要求纳入全国发展一盘棋考虑，否则，香港发展将面临边缘化的危险。

两地应多尝试互动式交流

两地文艺交流虽然方兴未艾，如火如荼，但是交流模式还比较单一。王英伟说，目前两地交流的模式基本还是以市场需求为目的，对于艺术发展来说，这样的交流带来很大限制。比如为了扩大表演市场，将相同的节目换到另外一个地方演出，除了观众和演出地点不同，艺术团体的艺术水平和艺术创意都没有新的表现和提高。理想的模式应该是两地艺术团体或艺术家们进行互动式交流，比如共同完成一件创作，在这个过程中就会有思想和创意碰撞，碰撞就能产生火花。这是艺术发展的主要推动力。这种共同创作的交流模式应该成为以后两地文化艺术交流的主要趋势。王英伟表示，互动式交流对提升两地艺术水平和艺术创意都有很大帮助，艺发局作为一个桥梁和平台，会考虑资助一些有潜质的艺术团体或艺术家

● 图6—3—3 两地文化艺术交流日益频繁。图为北京京剧院程（砚秋）派名家迟小秋在2010年香港首届中国戏曲节上表演京剧《文姬归汉》

开展交流的计划。

实验性艺术是两地交流中很少触及的一个领域。实验艺术的空间很大，创作者热情也很高，香港和内地的实验艺术创作都很活跃，但由于实验艺术的交流表演有实际困难，两地艺术团体在这个方面很少有接触。对于未来两地在实验艺术领域有没有可能进一步交流，王英伟表示，艺发局会继续探索这种可能性。同时他指出，艺术需要不断实验，有实验才会有发展。香港一直都鼓励实验艺术创作，有很多实验性剧团，也有很多实验性表演场所，如黑箱剧场。如果实验艺术有好项目，艺发局也会考虑资助。

王英伟还指出，艺术创作需要不断有新受众群体，这样艺术才有活力。目前，两地的跨界别表演成为一个新趋势，吸引了很多新的观众。比如，音乐曲风亦中亦西，中乐团搭档流行歌手，甚至话剧表演有摇滚，芭蕾舞表演有戏曲，等等。王英伟说，内地与香港可以尝试在跨界别创作中进行合作交流。

培养艺术界明星级领军人物

艺发局自 1995 年成立以来，一直都在推动香港艺术全面发展，是政府与艺术界重要的沟通桥梁。王英伟介绍说，艺发局目前最主要的工作是，通过各种计划资助有潜质的艺术团体或艺术家，致力于培养香港本土艺术团体第二梯队，以作为目前香港九大艺术团体的后备军。同时，积极推动艺术团体和艺术家们下社区、进学校表演，了解观众需要，提高创作水平。针对中小艺术团体艺术场地短缺问题，艺发局会去寻找合适的工厂大厦，以配合各个艺术界别需要。在人才培养方面，艺发局会增加艺术行政管理人才培训。由于政府资源有限，艺发局将继续发挥平台作用，吸引社会资源来支持香港文化艺术发展。同时，继续推动业界与内地及海外的文化艺术交流。

王英伟还表示，每一个艺术领域都应该有一个明星级领军人物。他们可以带动整个领域发展，是香港的艺术象征，能够提升香港文化魅力。艺发局要与艺术界合作，培养这样的明星出来。

（原文刊于《紫荆》2011 年 6 月号第 248 期）

香港文学：身处边缘　但不可或缺

——访《香港文学》总编辑陶然

高　峰

　　香港文学的生存环境很艰难，在商业社会很难立足。虽然身处边缘，香港文学创作却从没停止，始终有一批人投入其中。不要幻想文学会成为社会中心，但仍然要相信文学在人们生活中不可或缺。

　　近代以降，香港之于华文文学，一直是一个特殊场域。它曾经是南来作家的避难所，如今则是各地华文文学最为集中的流通地。不论是中国内地、台湾、香港、澳门，乃至东南亚、日本、欧美等地的华文作品，在这里都毫无阻碍地得以出版发行；各地作家云集而来，谈文论道，更不会有丝毫约束感。从这一角度看来，香港提供的文学场域，其意义远远大于香港文学本身。它不仅孕育、培养、形塑香港本地的作家作品，更是世界华文文学自由开放的陈列厅与实验室，展示了完整的华文创作面貌，为华文文学积蓄了变革潜能。这一独特场域中的香港文学，可谓得近水楼台之便。故此，《香港文学》总编辑陶然认为："香港应该可以产生伟大的文学作品。"

　　2012 年至 2013 年的岁末年初，文学在香港也确实得到一番瞩目。先是莫言获得诺贝尔文学奖，在香港文学界乃至文学界之外，引起一段时间的关注与讨论，与有荣焉者有之，不屑一顾者有之，但都同时感受到香港文学作为华文文学的一部分，荣辱一体，不可分离。接着，香港作家也斯的去世，给香港文学带来一股伤感、悲悼气氛，各类怀念文章见诸报端，谈论香港文学的文字也时有所见。一时间，仿佛文学成为香港社会的重要话题。然而，现实并非如此乐观。正如陶然所说："文学在香港身处边缘，在商业社会中很难立足。"当纷扰一时的外部因素消失过后，围观者散去，写作者仍然坐守冷清的书斋，文学退回社会的边缘地带。

这也正是香港文学的常态。在这里，除了一些"明星作家"，频频现身于各类报章专栏外，真正具有文学意义的香港作家，大都是埋首寂寞的写作者，寥寥无几的文学刊物是他们展现才华的园地。不过，伴随香港文学几十年发展的陶然，对此倒是报以豁达的态度："不要幻想文学会成为社会的中心，但仍然要相信文学在人们生活中不可或缺。"这是身在边缘的写作者，共同坚守的一份不灭信念。

创作从未中断　但不占主流

记者：香港文学在整个华文文学中，从作家作品的数量来看，比重不大，但特色鲜明，价值独特，不容忽视。然而在香港社会中，文学好像并未受到特别重视。您怎么看待这一问题？

陶然：香港文学的发展一直没有中断过。从20世纪20年代就有文学家从事创作，之后，文学刊物也开始创办并推动文学创作活动。一般而言，香港作家的创作寿命虽然都不很长，但不断有人去做，不断有新人涌现，创作活动一直延续至今。所以说，不能对香港文学轻易否定，这并不符合客观实际。

但是，如果说香港文学在香港社会中有举足轻重的作用，也不符合实际情况。香港文学在社会中并不占据主流地位。在香港，你说自己是作家，会让人投以白眼，如果自称是诗人，可能更会被笑话。

记者：从文学界内部环境看，香港文坛的生态状况又是如何？

陶然：历史上，香港文学存在过各方势力的较量。尤其是 20 世纪五六十年代，各方壁垒分明，互不来往。我于 1973 年来到香港，感受到这种气氛，看到不同派别作家甚至互相都不投稿。

这一情况在 20 世纪 70 年代后期开始有所松动。应该说，这是文学力量超越其他因素，发挥了主要作用。各方作家来往开始增多，《香港文学》杂志就是在这样的环境中产生的。

现在作家之间交往，比之从前更是随意自由，很少受其他因素干扰。这从《香港文学》刊登的作品中也可看出。不论什么题材、体裁的作品在这里都可见到。能否刊发的唯一判断标准就是文学价值。

记者：香港文学与内地的交流状况又是怎样呢？最近几年，香港文学在内地逐渐得到推介，也很受追捧。

陶然：香港在内地同业者，特别是年纪较大的人眼中，一直以来被看作文化沙漠。这种看法当然有历史原因，但对于香港文学不能简单地予以否定。这种否定不是基于研究而得来的结论，而是一种固有的成见。

香港文学在内地曾经一度热闹过，那是在回归前后，为了解香港文学，内地出版了一些香港文学的集子，也出版了香港文学史一类书籍，但不是很强势，实际上带有一点实用性色彩，并没有真正推动香港文学发展。而且，这种推介在回归之后一段时间也慢慢淡化了。最近几年，内地对香港文学的关注对两地来说都是一件好事，希望能有更深入持久的交流，文学意义上的交流。

具本土色彩　但格局较小

记者：香港文学有很独特的风格、意识与价值。它的发展经过了什么样的历程？

陶然：香港文学发展之初主要是南来作家起作用。诸如茅盾、夏衍、萧红，等等，都是早已成名的作家。香港本土虽然也有一些作家在创作，但影响力不够巨大。所以，当时的香港文学创作以南来作家为主。但他们的心态还是中原心态，作品中怀念故土的色彩很浓，本土色彩则很淡，甚至可以说几乎没有。

随着香港战后一代成长起来，香港作家渐渐有了本土意识，提倡写作的香港特色。这些作家所受到的教育内涵广泛，他们对现当代文学比较了解，所以在写作上吸收西方现代派手法，注重书写个人内心感觉，为香港文学带来新面目。

而现在活跃于文坛的潘国灵、韩丽珠、董启章、谢晓虹等的作品现代派手法较明显，表现身边生活的题材较多，展现了鲜活、完整、当下的香港经验，为香港文学本土色彩开拓了新的空间。

记者：香港文学创作有一个比较独特的景观，就是散文创作很发达，书店里各类散文集琳琅满目。

陶然：香港的散文创作从人数、种类、手法上看，都很丰富。香港的小说家不是很多，来来回回就几十个，但散文好像谁都可以写，这也与香港报刊专栏有关。在 20 世纪七八十年代直至 90 年代上半期，报刊副刊都有作家写专栏。这些专栏形式上不会太长，大多短而灵活。在那个年代，散文写作很热闹，是香港文学一道风景线。但如果说能够提升到很高文学层次的，相对比较少。后来，随

● 图6—4—1　第十一届香港文学节开幕典礼2016年6月23日在香港中央图书馆展览馆举行

着副刊减少，散文写作者也开始变少，而且三教九流都可以来写。各类专业人士，比如医护人员、司机、相命等在副刊专栏上写一些本专业类的短文，实际上与文学已经无大关系。

记者：您认为香港文学创作中存在哪些普遍性的问题呢？

陶然：香港文学对社会现实关注较少，有所涉猎也不过是反映身边琐事，格局较小。香港其实为文学发展提供了自由成长的环境，有很大的开放性和流动性，对于创作者来说是很好的场域。我觉得应该出现伟大的作品。但目前看来，除了施叔青创作的"香港三部曲"起码在香港长篇小说史诗性创作中有所突破之外，香港本土作家还没有创作出这样展现香港历史的、大格局的作品。

我认为，作家不能不去关注现实，但也不能以某种观念去图解现实。香港作家应该考虑的是，如何将现代派手法与对现实的关注结合起来，做到两者都不偏废。

特区政府有所作为　但力度不够

记者：香港特区政府在推动文学创作上，有哪些举措？效果如何？

陶然：其实，香港特区政府对文学创作也有所推动。香港中文文学双年奖和中文文学创作奖都是有影响的创作奖项，但问题是推广力度不够。很多香港作家，比如从前的西西虽然在香港早已成名，但在一段时期却主要在台湾洪范出书；现在的董启章、韩丽珠，也都是在台湾拿到奖项之后，才回过头来在香港更红。这大概是因为台湾在对奖项的推广上力度很大，使获奖作家能够得到很大范围的认知和认可，得到出版界青睐，从而使出版界成为文学创作

● 图6—4—2　瑞典文学院2012年10月11日宣布，将2012年诺贝尔文学奖授予中国作家莫言

的推手。

记者：您在香港从事文学活动几十年，回顾香港文学发展，您如何概括评价它的处境与价值？

陶然：总体来说，香港文学的生存环境很艰难，在商业社会中很难立足。但虽然身处边缘，香港文学创作从没停止，始终有一批人投入其中。我认为，不要幻想文学会成为社会的中心，但仍然要相信文学在人们生活中不可或缺。一个城市、国家如果对文学、对文化没有认知，经济再发达，素质恐怕也不会高到哪里去。

（原文刊于《紫荆》2013 年 3 月号第 269 期）

香港向国际电视枢纽迈进

逸　升

　　拥有 58 年历史的香港亚洲电视台不获香港特区政府续牌后，正当香港人慨叹看电视没有选择的时候，最近通讯事务管理局在一次会议介绍，原来香港共出产约 700 条电视频道，其中超过 200 条电视频道面向海外，为亚太区以至世界各地超过 3 亿观众播放。香港不仅是国际金融、旅游、贸易等老中心，还是区内的电视播放中心，并有条件成为国际的电视枢纽。

卫视台青睐"超级联系人"角色

　　香港市民目前最常接触的电视广播有限公司（无线电视）和亚洲电视这两间电视台，共计提供 15 条免费电视频道，占总产出频道约 1/50。3 间收费电视台，包括有线电视、无线网络电视和电讯盈科媒体（即 NOW 电视），则共计提供近 400 条电视频道。

　　此外，18 家非本地电视节目服务牌照持牌机构在香港经营广播业，共提供超过 200 条卫星电视频道，为主要是亚太区的观众播放节目，其中 41 条频道可在香港接收。

　　根据通讯事务管理局资料，这 18 家机构有一半都是近十年才开播，当中包括大家熟识的凤凰卫视。而健康卫视、亚太第一卫视、时代卫视和星空华文中国传媒，都是在最近两年才推出服务。在 2011 年开播的香港卫视，正在急速冒起。

此外，由美国跨国传媒公司时代华纳全资拥有的特纳国际亚太有限公司，早于 1987 年就在香港注册成立，并于 1989 年开播。法国电信商 Orange SA 也于 1999 年在香港成立 GLOBECAST HONG KONG LIMITED，于 2011 年开播。单是这两间机构，就提供超过 40 条卫星电视频道。

香港浸会大学电影及电视学系教授卓伯棠介绍说，除了资讯流通和信息自由外，香港最大的吸引力就是与世界各地的联系，也就是香港特区政府近年提出的"超级联系人"角色。他指出，在香港取得卫星电视牌照，很容易进入其他市场。此外，香港市场比较公开、透明，限制也比较少，为申请牌照的机构提供便利。

特区政府致力打造广播枢纽地位

事实上，香港的广播业发展蓬勃，为本地观众和听众提供多元化的服务。数码地面电视于 2007 年 12 月 31 日正式启播。目前，香港数码网络已覆盖全港至少 99% 的人口，与模拟电视广播的覆盖范围相若。随着地面电视广播机构逐步采用数码广播，特区政府正着手更新现行的规管制度，以配合市场引进崭新科技。

在政策方面，香港特区政府致力提升香港作为区内广播枢纽的地位，近年已检讨广播业的规管架构，确保有关制度能够配合科技发展和市场需求。根据在 2000 年年中制定的《广播条例》，广播机构可选择以任何技术上可行的传送方式，向消费者提供广播服务。

此外，有线电视旗下的奇妙电视及电讯盈科旗下香港电视娱乐已获特区政府同意发牌。其中，香港电视娱乐于 2015 年 4 月 1 日

● 图6—5—1　内地网络电视乐视（Letv）开拍全港首部4K画质制作的网络剧《天才在左疯子在右》

正式获批12年免费娱乐电视牌照，须于1年内开始提供服务。换言之，若不计公营机构的香港电台及不获续牌的亚洲电视，香港将来最少有3家免费电视台营运，较目前的两间为多。香港免费电视市场正在扩大。

在制作方面，香港影视娱乐业充满活力，蜚声国际。从20世纪80年代开始，港产片就风靡全球，成为华人文化的一大标记。香港更因此被誉为"东方荷里活"，甚至有"有华人的地方，就有香港电影的影踪"之说。香港也出产不少经典的电视剧，例如在90年代制作的《大时代》最近在深夜重播，依然引起很大的回响。

根据香港贸易发展局的资料，香港电视公司的收益大部分来自

● 图6—5—2　乐视控股举办"香港电视业新趋势论坛"

海外市场，观众对象主要是华语人口。此外，一些节目也会配上其他语言，以满足非华语观众的需求。香港的电视广播机构销售其制作时，采取的方式包括：出售节目播映权、租售节目影带影碟和透过收费电视等渠道播放。其中，卫星广播及外地落地权现已成为日益重要的收入来源。

近期，流动观赏平台兴起，成为香港电视节目的重要播映渠道。例如由无线电视制作的最新电视节目，大部分均可透过其流动应用平台"myTV"播放。2014年11月，香港电视网络有限公司开始通过互联网播映其电视节目，观众可以使用手机及平板电脑等电子工具收看。

据了解，香港是全球主要的电影及电视节目出口地之一，在亚洲市场占有不少份额。过去10年，亚洲的有线电视及卫星电视频道大增，近期流动观赏平台的普及，也为影视内容制作商带来新机遇。

　　根据英国经济研究机构 Oxford Economics 最近发表的报告，电影与电视产业对香港的经济活动有重大贡献，对 GDP 的直接贡献 70.41 亿港币，连带提供 13270 个就业职位，并创造 5.83 亿港币的税收。

内地互联网电视拓展香港市场

　　香港贸发局经济师陈俊朗指出，中国内地是全球规模最大的电视市场。随着电视及有线频道增加，内地对优质节目的需求十分庞大。随着香港的电视广播公司取得落地权，向广东省数以百万计的

●图6—5—3　由香港航空冠名赞助，无线电视制作的电视剧《香港航空特约：冲上云霄Ⅱ》举办记者招待会

家庭播放电视节目，加上在 CEPA 下内地与香港联合制作的电视节目获得更大的市场准入，预期香港电视业将有更多机会打入内地市场。

据了解，现行的 CEPA 条文对香港视听服务业实施了重大的市场开放措施，其中包括电视剧制作。截至 2015 年 1 月底，香港特区政府共向 69 家视听服务公司发出《香港服务提供者证明书》。

近日，香港无线电视为迎接内地用户的需求，宣布与内地的阿里巴巴娱乐宝合作拍摄剧集。根据无线的声明，双方原则上达成协议进行合作，包括电影电视剧制作，电子商务及周边衍生商品的开发等。声明又称，阿里巴巴计划将更多无线电视制作引入阿里的家庭娱乐系统中。至于题材会由双方共同决定，无线电视负责整个制作。

2014 年 8 月，内地知名互联网娱乐平台乐视已率先宣布，计划斥资 3 亿元购买香港电视剧版权，预期在两年内进入香港市场，吸纳 20 万至 40 万用户。

卓伯棠表示，香港本地电视市场太小，发展空间不大，但有超过 200 条卫星电视频道通向世界，加上先进的配套和良好的声誉，是内地影视"走出去"的最佳平台，同时也是其他地方打入大陆市场的最佳途径。加上互联网及流动装置的普及，香港应好好利用这优厚的条件，迎接流动观赏平台的兴起。

面对电视市场不断扩大，香港是否有足够的人才应付？卓伯棠笑称，单单是浸会大学的传理学院，每年就可为影视行业提供近 200 个人才，"香港在这方面的人才相当丰富，就只怕没有制作，流失人才。"

据了解，目前已有不少大陆电视台透过香港的电视频道播放节目，卓伯棠相信这种合作模式将会越来越紧密，香港作为区内广播枢纽的地位也将会越来越巩固。他指出，香港拥有世界一流的电信基建设施和大量节目制作人才，背靠大陆庞大的市场，"超级联系人"的角色明显，有优厚的条件成为国际的电视枢纽。

（原文刊于《紫荆》2015 年 7 月号第 297 期）

香港茶餐厅的生存之道

肖喜学

在香港的大街小巷，随处可见茶餐厅，它们看起来很拥挤，装修和桌椅显得陈旧，服务员老少高矮胖瘦，甚至连工作服也不统一，硬件条件跟内地的茶餐厅不能相提并论。但是，香港人这样形容它：茶餐厅，是香港人每天都会经过或光顾的地方；是甜蜜回忆的地方，令人难以忘怀；是无情人间的加油站，给人点点暖意；是流离生活的支点，让人找到仅有的归属；是让无产阶级的人，以实惠的代价，在充满压力的日子里来舒口气、喝杯茶、吃碗面的心灵的避风港。这些平民化而又有人情味的饮食场所，有着他们的集体记忆，可以算香港的代言物之一，立法会议员们甚至要为茶餐厅申请"人类非物质文化遗产"。

租金贵　茶餐厅如何保持菜品平价？

餐厅价格的大众化，在香港这一相对独立的经济体和高密度城市中并非易事，因为城市高密度的特点，可利用空间有限，地价、房价和房租均非常昂贵。2014年年初，湾仔骆克道一个8000平方英尺的商铺被翠华茶餐厅租下，签订10年长租约，首5年月租为122万港元，其后5年再加租两成到146.4万港元，折合每平方英尺租近 153 港元（后 5 年每平方英尺租约 183 港元），即相当于每平方米每月的租金价格分别为人民币 1300 元和 1560 元。而北京肯德基餐厅的每平方米每月的租金价格一般在人民币 300 元以下，必胜客在 200 元以下，相当于湾仔骆克道租金水平的零头。

在租金和劳动力成本都比内地高的条件下，香港茶餐厅供应的菜品为什么往往比内地大城市的同类餐厅分量更足、价格反而相对不高？通过对茶餐厅平面布置、服务流程、菜品设计、实际效果等观察，我认为茶餐厅其实体现了"适者生存"的生态规则，是香港高密度生存环境下，应对高租金压力的一套餐饮业态的系统解决方案。

我们假设物业已租用，租金已经确定，又假设其他成本不变的情况下，那么为了实现更多的盈利，就只剩下营业收入最大化这一条路。通过如下公式，我们可以发现，要增加营业收入的方法包括：在已租物业中尽可能多地设置座位数；在繁忙时段减少座位空置；缩短每单的就餐时间；延长其他时段的经营时间；增加每单消费金额。

营业收入 = 客单数量（单）× 每单消费金额（元 / 单）

= 餐台数量（台）× 翻台率（单 / 台）× 每单消费金额（元 / 单）

= 座位数量（座）× 翻座率（单 / 座）× 每单消费金额（元 / 单）

其中：

翻台率 = 客单数量（单）/ 餐台数量（台）

翻座率 = 客单数量（单）/ 座位数量（座）

客单数量 = 有效就餐时间（小时）/ 每单就餐时间（小时）

= 繁忙时段时间（小时）/ 繁忙时段每单就餐时间（小时）+

其他时段时间（小时）/ 其他时段每单就餐时间（小时）

在餐厅布局上，茶餐厅大多把两边靠墙的地方设置为卡座，既节省空间，又可通过高椅背分隔，避免身体接触。而在两排卡座的中间，一般设置正方形或圆形的小桌，椅子则大多采用无后椅背的圆凳；方形小桌在摆放时不一定横平竖直，有时会转45度角，目的是充分利用人与人之间的空隙。总之，座位数量最大化，是增加收入的第一步。

以翠华茶餐厅为例，2011年年底在香港共有19间餐厅，平均每间面积约3000平方英尺，设有30—67张餐桌（每桌2—4位，下同），而翠华在内地的4间餐厅，每间面积则大得多，介于7000—10000平方英尺，是香港分店的2—3倍，而餐桌数量则为65—84张，只是香港分店的1—2倍，也就是说餐桌比香港分店要稀疏得多。2011年年底，翠华在香港的19间餐厅共有2950个座位，平均每个店155个，即每个座位的平均面积(含厨房面积) 只有1.8平方米；而内地一个容纳100个座位的肯德基餐厅需要300平方米的使用面积，一个容纳120个座位的必胜客餐厅需要400平方米，每个座位的平均面积分别为3平方米和3.33平方米，分别是翠华香港餐厅的1.67倍和1.85倍。当然，翠华在香港茶餐厅里面不算最拥挤的。

在繁忙时段，由于每一批客人的数量不一，如果某一批客人的人数不能坐满一张台的时候，就会出现座位空置，这时，两个人须坐卡座的同一边，以利于"搭台"，即使在一边也可以坐两个陌生人；有的餐厅会在墙上写明"繁忙时段，一人一位"，而服务员也会主动安排客人搭台，搭台和被搭台的客人都会乐于接受。

争分夺秒　增加翻台率　扩大客流量

一张台从迎接上一批客人坐下到迎接下一批客人的周期，包括如下环节：点餐时间、制作时间、传菜时间、进餐时间、结账时间、桌面清理时间。在繁忙时段，上述周期越短，则接待客人越多，所以节约上述每一个环节的时间就成为努力的方向。

客人落座的时候，一套餐具和一杯淡茶已经送到桌上；在点餐环节，客人会发现餐牌或写在墙上，或放在桌上，或压在台面的透明玻璃下，一目了然，一般套餐会有 ABCD 等选项，直接说出代号，再选择汤或饮品的种类即可，服务员则快速地在小票上写好，完成点餐。对于连锁餐厅，大多已经采用电子手账点餐，而传统茶餐厅，服务员为了快速完成手工下单，往往写下一些外人难懂的符号，例如用"反"指代白饭，"罗友"指代菠萝油（菠萝包加牛油），"T"指代奶茶（Tea），"206"指代热柠檬可乐（数字 2 粤语谐音"热"，0 谐音"柠"，6 谐音"乐"），等等，久而久之，这些符号也成了茶餐厅文化的一部分。这一切看上去有点无厘头，却都有经济上的意义——缩短点餐时间。点餐时间短的另一个好处，就是节约服务员的时间，让服务员有更多时间去招呼其他客人、传菜或收银（小型茶餐厅往往不设专门的收银员）。

要缩短菜品的制作时间，最好尽可能把饭和菜都提前预制好，到客人点餐完成后，只需要直接盛在碗碟里面即可，这就是餐厅为什么会在繁忙时段推出一些相对优惠的套餐，吸引大家更多选用的原因。例如烧味饭、咖喱饭、碟头饭（相当于内地的盖浇饭）、牛肉烩意粉，等等。这些套餐的特点即饭菜都是现成的，可以快速完成制作。再比如说茶餐厅里的面条大多是方便面，一般采用本地品牌的"公仔面"，加几块钱可转成高级一点的日本品牌"出前一丁"，不管怎样都是方便面。其优点就在于制作简单而且快捷，在餐厅里吃方便面也算是香港一绝。

传菜时间在茶餐厅里问题不大，因为大多数茶餐厅面积比较小，服务员一眼看见厨房传菜口的成品，然后就可迅速给客人上菜。进餐的速度则取决于客人，但是环境在客观上也会影响客人。例如在繁忙时段，让大家看见有人在排队，客人就会不由自主地加快速度；由于与他人"搭台"，在有陌生人在场时，两个人长时间占用座位、谈论私事是不自在的；有的餐厅夏天时开很足的冷气，让人不能长时间停留。

进餐完成后，客人要结账了。在一般餐厅，结账要等服务员到座位上来，而在茶餐厅，客人需要自己拿着小票到门口的收银台结账。这就意味着，客人在结账时段内不会占用座位，在繁忙时段，这一小段时间足以让服务员完成桌面清理并准备迎接下一批客人落座。

延长其他时段经营时间，包括推出优惠的下午茶套餐，由于不少香港人有在下午 3—4 点喝下午茶的习惯，所以吸引客人在这一非繁忙时段光临，是提升翻座率的一个诀窍。晚餐时段，也不属于繁忙时段，菜品制作的时间可以宽松一点，再加上客人中午或下午吃过了比较标准化的套餐，到晚上需要来点不一样的，所以为了吸引客人，不少茶餐厅在晚餐（一般 6 点以后）会供应现点现炒的小菜或者煲仔饭，等待时间略长，当然价格相对中午的套餐要贵一些（增加每单消费金额）。

通过争分夺秒的一系列安排，我们来看看结果。先考察一下翻台率数据：内地一般餐馆的翻台率在 2 次多，小肥羊火锅约 3 次，经常看见人排队的呷哺呷哺算是最高的，达到 8 次，翠华茶餐厅在内地的分店与呷哺呷哺持平，也可达到 8 次，然而翠华在香港的分店则高达 25 次，可谓达到了翻台率的极致；在翻座率方面，翠华内地分店 6 次，香港则高达 11.5 次。

在商务中心区，绝大多数写字楼都不提供食堂，所以一到饭点，附近的餐厅就爆满，排队成为常态。在这种情况下，在短时间内把更多人的胃填满，就成为餐厅的首选目标。相比正式餐厅来，茶餐厅往往能更有效率地实现这一目标。也正是人们的快节奏，让茶餐厅可以接待更多客人，从而摊薄高密度带来的高租金，以相对实惠的定价提供服务，仍在经济上有利可图，成为一个自我闭合的循环。

（原文刊于《紫荆》2016 年 9 月第 311 期）

香港：名厨美食之都

武少民

岁末年初，香港接连斩获两项世界厨艺比赛的总冠军，傲视一众友邻，无愧于名厨美食之都的称号。特首梁振英表示，"香港的厨师在两个国际比赛中取得总冠军，为港争光"，充分肯定了其重要性。东西交融的美食与薪火相传的厨艺，为香港不断赢得赞誉。

两项总冠军实至名归

● 图6—7—1　香港队获得"2013年国际青年厨师挑战赛"总冠军

一项总冠军来自每6年举办一次的"世界厨艺大师大赛"。这是世界餐饮业三大殿堂级厨艺大赛之一，香港代表团2013年11月于瑞士参加了大赛，凭借出色表现击败30个国家及地区的队伍，取得总冠军。

另一项总冠军来自韩国举办的"2013年国际青年厨师挑战赛"。此次比赛香港首次派出25岁以下青年厨师，与来自19个国家和地区的顶尖青年厨师比拼，最终也凭借精湛厨艺和独特创意勇夺总冠军。

"香港的青年厨师亦青出于蓝，表明香港厨艺后继有人，薪火正旺。"业内人士表示，香港是著名的美食之都，汇聚和融合了东西方的饮食文化，两项总冠军均由精英厨师组成，代表了香港厨艺的顶尖水平，赢得盛誉可谓实至名归。

饮食文化东西交融

漫步香港街头，林林总总的食肆让人目不暇接。高档酒楼、街旁小摊，各有各的特色，各有各的风味。有的街头小馆门前甚至排成长龙。只要有特色，一碗鱼蛋面也可十里飘香，让人忍不住寻踪而至。

香港饮食文化为东方文化及西方文化的交汇所在，发展出一个糅合中国菜（主要为粤菜）和西餐的饮食习惯，因而被誉为"美食天堂"。作为全球各地人们的汇聚点，香港荟萃了各国菜色，常见的有：日本料理、韩国菜、新加坡菜、马来西亚菜、泰国菜、印度尼西亚菜、印度菜、俄罗斯菜、越南菜、英国菜、美国菜、法国菜、瑞士菜、德国菜、意大利菜、南非菜，甚至阿根廷菜……可谓包罗万象，应有尽有。

茶餐厅是一道独特的饮食风景。这种起源于香港的快餐食肆，提供糅合了香港特色的西式餐饮，是香港平民化的饮食场所。每到周末或者闲暇假日，香港人往往喜欢来茶餐厅吃饭，点上粤港小炒、风味炒饭、面品、点心、茶饮，悠闲地度过数个小时的闲散时光。香港的电视剧里，通常可以看到平民百姓习惯在午餐或下午三四点，到茶餐厅吃碟头饭、饮杯奶茶、吃个菠萝包，舒缓一下紧绷的神经。茶餐厅作为最草根、最本土化的饮食场所，也是香港市民的最爱。

饮食文化在香港的文化发展中占着重要且极富趣味的一环。当年陪伴香港人成长的大排档、大笪地等街头食档，老字号的酒楼食肆以及各类地道酱油、饼食及特色食品，有些已经在经济危机中倒下，但更多的是在不断发展创新，扛过危机后事业再上层楼，这是香港人的集体回忆，也是香港精神的见证。

当然，饮食从来都是众口难调。在香港可以品尝到世界各地的美食，这一点是世界上其他地区无法取代的。但是由于在菜系的传播中，为了适应或者迁就港人的口味，有些菜系在香港做了一些改进或者变化，味道也相对不会那么地道。但瑕不掩瑜，香港的饮食无愧于世界一流。

在传承中不断创新

百余年历史转瞬逝去，香港的大街小巷早已物是人非，然而饮食文化却在一代代的传承中更趋丰盛。对食物色香味美的追求、对环境安静清雅的格调安排、对食肆设施人性化的布置……均在彰显香港饮食文化的品位。

博采众家之长，是香港饮食文化的重要特点。香港是文化多元的都市，来自世界各地不同的人群共聚于此，大家团结共事，除了工作上的密切配合外，饮食上也互相影响，菜品也不断融合众家之长，独成风味。

香港人接受新事物的能力很高，使很多传入香港的饮食成了一时潮流，譬如珍珠奶茶、沙冰、葡挞、日式薄饼、日式章鱼烧、干酪蛋糕。葡挞来自澳门，20 世纪 90 年代末期风靡香港，潮流饮食顿时成为热门商品，甚至导致蛋价上扬，鸡蛋供应不足的地步。干酪蛋糕也差不多在同时期风靡香港，促使不少人学习制造干酪蛋糕，还有相关的书籍出版。来自台湾的珍珠奶茶及沙冰在20世纪90年代登陆香港，台湾的连锁店快速地在香港各区开业。

踏足香港的一些小巷，也会经常看到各种不同风味的餐馆良性竞争，有众多的口味可以选择，每一家食肆都在提高菜品质量、适应顾客口味上下功夫。据参加"世界厨艺大师大赛"的冠军队成员徐伟森厨师表示，在决赛的时候将香港饮食文化的一些元素融入了比赛规定的西餐中，赢得了评委们的青睐。

事实上，任何菜系或者某款菜品都不是一成不变的。厨艺的博大精深就在于不断在传承中更新，为既有的菜品添加新鲜的原色，让厨艺在传承中有所变化和创新，从而吸引越来越多的顾客人群。

谈到获奖厨师们的表现，他说："厨艺大赛的评判团给予我们厨师其中一个评价，就是大家的团队精神非常好，这亦非常符合我经常在香港社会呼吁的，就是我们香港人要齐心。无论是十个八个厨师作为一队也好，700万人作为一队也好，烹饪也好，做其他事也好，齐心就事成。"

重视年轻厨师培养

人才后继有人，离不开对年轻厨师的培养。特首梁振英表示，重视香港的厨艺发展，本地厨师能于殿堂级比赛中夺奖，值得港人骄傲，香港厨师在西式餐饮上打败西方国家，很难得。特区政府为年轻人提供多元出路，国际厨艺学院下学年招生，希望学生"学有所成，学以致用"。

香港早在2000年年底就成立了中华厨艺学院，这是香港为迎

● 图6—7—2 香港的餐饮小店各有特色，吸引着络绎不绝的食客

接千禧年特别筹划的建设工程之一，其目的是建立有系统的中菜烹饪学习阶梯，让有意投身中菜行业人士及锐意进修的在职厨师报读，培训他们成为优质中厨师。中华厨艺学院的另一重要使命，是推广美食文化，因此，学院定期举办烹饪兴趣班，让有兴趣钻研中菜的香港市民和海外旅客参加。学院每年提供 1200 个技能测试名额及约 385 个训练名额，多年来培养除了一大批优秀的厨师，活跃在一线。国务院总理李克强也曾参观过这所学校，并对香港奶茶表示称赞。

香港还针对不同菜系开办了一些培训机构，比如，香港西厨学院的使命是"致力成为香港一间厨艺专业培训学校。香港人能学习正统及全球性的西式厨艺，造就社会上优秀人才。"鼓励学生大胆创新是这家学院的一大特色。其网站上公布了学生邓海杰的招牌菜："虾沙律配白酒啫喱"，这道菜源自邓海杰的一个想法："当我阅读一本鸡尾酒书时，一杯 Martini 白酒特饮唤起我的灵感去做这个头盘。我想用虾放在酒杯上，以白酒啫喱垫在杯底下，而虾挂在杯边外更具吸引。"

当然，厨师的交流在香港也是重要一环。香港的厨师经常到内地、欧美、东南亚等地学习交流，不断提高厨艺水平，来自世界各地的优秀厨师也陆续落户香江，注入新鲜血液。

鼓励年轻人大展拳脚，充分发挥想象力，是香港厨艺能够不断发扬光大的关键，在薪火相传的厨艺发展中，香港这座美食之都一定会涌现出更多的名厨。

（原文刊于《紫荆》2014 年 3 月号第 281 期）

香港有座戏曲中心

张　力

　　香港有座戏曲中心，位于尖沙咀广东道与柯士甸道交界的黄金地段。这内含大剧场（1100 位）、茶馆剧场（200 位）和培训、教育空间的综合性建筑，是香港核心文化项目"西九文化区"审慎规划 15 年后破土动工的第一座场馆，也是整个文化区的"东大门"，更是香港第一座集保存、发展、教育、推广、艺术生产为一体的戏曲专门场地。

　　长久以来，西方艺术门类可以说占有香港"艺术建制"的大部分资源，且由于独特的地理、政治环境得以吸纳世界各地的前沿技术、观念；而作为中国传统艺术代表的戏曲，却基本全靠民间小剧团自给自足。他们票房可观，演出异常活跃，但艺术水准却常年维持在"民俗"线上，传承资源严重匮乏，发展观念保守、空间封闭，既缺乏与其他艺术门类的交流，也与作为"母体"群体的内地戏曲界沟通不足。基于这样的背景，建设一座专门的戏曲场馆，可以说是香港戏曲界企盼多年的心愿。然而也正因此，这件表面看来只属于业界自己的事，其实际规划过程，恰恰反映出在中西混杂语境里、殖民历史影响下，香港文化发展诸多不为外人道的现象与问题。

　　要想谈问题与现象，举实例或许是一种较为有效而生动的途径。而值得最先被举例的，就是中国戏剧家协会副主席沈铁梅。这位当今中国公认的川剧领军人物，不仅在内地家喻户晓，而且名扬海外，作为纽约林肯艺术中心主动投资创作的第一位中国戏曲表演艺术家，以一系列川剧对话歌剧的实验作品在欧美巡演屡获盛誉。但对于香港观众来说，她却是一个陌生的人物。香港观众看广东大戏（粤剧）的口味基本停留在 20 世纪五六十年代，而对粤剧以外其他戏曲剧种的认知，则自 20 世纪 80 年代以来就没有过太大的变化，尽管近年来康文署举办的中国戏曲节在剧种普及和观众培养上都取得了一定的成绩，但其挑选节目的眼光也始终徘徊在世纪之交的那条边界之内。20 世纪 80 年代中国最红的川剧院是四川省川剧院和成都市川剧院，故而香港观众即使知道川剧的，也很多只知成都而不知重庆。以至于当 2015 年 8 月西九文化区（管理局）举办"戏曲中心讲座系列"之"川剧传承的新思维"前，有不少人质疑，为什么要请沈铁梅来做嘉宾？为什么不请一位香港观众都熟悉的艺术家？

请一位香港观众都熟悉的艺术家，来做一个香港观众都熟悉的节目，对于念旧的香港戏曲环境来说，再安全不过。但奈何，哪怕香港有再多"不知有汉，无论魏晋"的戏曲老观众，这里都早已不再是 20 世纪 80 年代香港经济蓬勃时中国戏曲界争相追寻的桃花源。演出市场日益陈旧与流失，青年人才严重缺乏，观众老化、断代，都使得艺术传承面临不得不正视困境。否则香港特区政府就不必斥资 27 亿港元，在西九文化区修建这样一座现代化的"戏曲中心"，而"戏曲中心"也不必将自己定位为："在促进香港本土粤剧发展的同时，积极参与整个华语地区的戏曲发展，引领戏曲与其他艺术间、不同地区间乃至国际间的交流合作，发挥衔接传统与现代、中国与世界的枢纽作用"。

　　本着促进行业交流、激发艺术新思考的主旨，"戏曲中心讲座系列"每次除邀请一位内地知名艺术家，还会邀请一位香港本地艺术家，以嘉宾对谈的方式探讨行业发展的前沿话题。沈铁梅讲座的对谈者，是时任香港演艺学院戏曲学院院长的毛俊辉。

　　讲座为两人提供了一个公开对话的平台，碰撞理念，探讨彼此面对传统艺术现代转型的困难：如何扎实传承传统；如何创新声腔改革；如何推动戏曲作为当代艺术的一部分走向国际舞台；以及沈铁梅如何主持建设 21000 多平方米，集演出、创作、人才培养、博物展览、文化传播、旅游、行政于一体的重庆川剧艺术中心，对香港建设戏曲中心的建议……毛俊辉结合香港本土粤剧发展，都给予了对比性的回应，并为香港本地业界提出了新的思考意见。讲座上，沈铁梅还在无伴奏的条件下展示了她标志性的徒歌式高腔，传统与现代浑然一体的迷人声腔，听哭了在场的许多观众。香港八和会馆主席汪明荃，第二天便在微博上宣布自己是铁梅"粉丝"，不少业界人士和观众也纷纷向西九文化区（管理局）提出，应该尽早邀请沈铁梅带团来香港正式演出全本大戏。

　　这样的结果，或许一定程度上可以回应讲座前的那些质疑，也可以证明戏曲中心不因循、不怠惰，想要以"新思维"积极参与、推动戏曲发展及开拓地区间对话的定位。事实上，"戏曲中心讲座系列"自 2013 年创办以来，回顾每一讲的主题："裴艳玲对谈阮兆辉：不同剧种的借鉴与研习""罗怀臻对谈张秉权：传统戏曲与城市生活""尚长荣对谈罗家英：不同行当的成名之路""茅威涛对谈汪明荃：城市需要戏曲吗"，都是对传统戏曲与现代都市关系、戏曲现代化发展困境作出不同侧面的探讨与回应，也是向戏曲中心开拓香港戏曲新天地的愿景努力迈进。

　　而努力又不止于此。仅 2013—2014 年，戏曲中心团队累计拜访了内地 60 多位戏曲名家、学者，40 多个院团，20 多家教育、研究机构，10 多家行业媒体，调研了 10 座茶馆、戏楼式演出场所。2012—2014 年三届"西九大戏棚"活化戏棚传统，上演本地老倌的诸多粤剧戏宝，其中 2014 年"西九大戏棚"更打破内地戏曲团体只能通过"中介"来港演出的模式，开创香港与内地业界真正意义上的对等合作，为香港观众带来中国戏剧家协会"梅花奖艺术团" 22 位梅花奖得主共 4 场 10 个剧种的戏曲盛宴；同届，开启"西九戏曲中心粤剧新星"的首次选拔。同年，以独创的"茶馆剧场模拟实验"，为戏曲中心未来的茶馆剧场进行空间设计及节目实验，探索新的粤剧观演环境。2015 年，"西九戏曲中心粤剧新星展演"接续上年的新星选拔，为脱颖而出的粤剧新星排演大戏，并积极安排他们赴内地交流学习。同年，举行第二次"茶馆剧场模拟实验"。而除表演新星，西九文化区（管理局）还先后选送戏曲音乐、编剧人才赴上海、台湾学习、交流。此外，开拓系列专题艺术研究项目……所有这些软件推进，让人几乎很难相信，戏曲中心还只是一座尚未建成的场馆。

然而，即便如此，困难却也接踵而至，甚至有些过程之漫长，不以人的意志为转移。缺乏专业教育、散兵游勇式生存的香港戏曲从业者，大多难以承担西化的艺术行政管理工作，而标准香港艺术行政系统培养起来的行政管理人员又很难在短时期内掌握复杂的戏曲艺术规律，导致组织一支专业的戏曲中心规划建设团队异常困难。同时，由于整个香港社会自上而下地"协商"议事传统，各级顾问委员会中都有大量的"非专业"委员，在增加行政成本、拖慢决议进程的同时，也降低了艺术决策的专业性。即便业界自身，长期封闭的艺术观念、对短期利益流失的恐惧，也令每一次软件规划的探索都举步维艰。

　　而更不可抗拒和预估的是，由于西九文化区位于未来广深港高铁终点站之地上，高铁工程施工占用路面，其项目推进却因复杂的社会与政治原因多年阻滞，随着建筑成本不断提高，不仅使地上的西九文化区整个建设规划一再缩水，作为第一座场地的戏曲中心的建筑工期遭遇多次延误；而且即使戏曲中心如期完工，也将不得不孤军作战，面临在工地半包围圈中独自争取观众的尴尬，相当长时间难以共享西九文化区原规划内其他艺术及商业设施的红利。这对于戏曲中心的发展无疑是一个巨大的挑战，既要填满大体量的艺术空间，又要以更鲜明的独特性和更审慎的艺术规划，保证"开拓观众""提升素质""促进交流"这三个近年来一直被戏曲中心视为艺术使命的关键词，不至于沦为漂亮的口号。

　　当然，目前最迫切、重要的任务，还包括寻找一位堪当大任的艺术总监，视野开阔，既能解本地之难，又能遍交天下好友，近合作于珠三角及台湾，中协作于长三角、京津冀，远接通于国际艺术界；胸怀广大，懂戏曲，重传统，敢创新，能接纳其他艺术门类，尊重任何艺术都要通过互相融合才能进步的基本艺术规律。此君之难觅，恐怕更甚于为戏曲中心组织一支专业的规划与建设团队。但谁也不会否认，只有这样一位艺术总监，才能匹配作为国际都市的香港所建设的第一座戏曲中心和它已有的艺术定位。

　　戏曲中心预计 2017 年年底完工，如规划得宜，2018—2019 年应当有贯穿全年的精彩演出。忧患与生机总是并存，难免令人思虑，却也因此更加令人期待。

责任编辑：宰艳红

封面设计：汪　莹

责任校对：夏玉婵

图书在版编目（CIP）数据

香港管理之道：纪念香港回归二十周年 / 杨勇　主编 . —北京：
人民出版社，2017.10

ISBN 978 - 7 - 01 - 018290 - 2

I.①香… II.①杨… III.①一国两制 - 香港 ②区域经济发展 - 概况 -
香港 ③社会发展 - 概况 - 香港 IV.① D618 ② F127.658 ③ D927.658

中国版本图书馆 CIP 数据核字（2017）第 235388 号

香港管理之道

XIANGGANG GUANLI ZHIDAO

——纪念香港回归二十周年

杨 勇 主编

人 民 出 版 社 出版发行

（100706 北京市东城区隆福寺街 99 号）

北京盛通印刷股份有限公司印刷 新华书店经销

2017 年 10 月第 1 版 2017 年 10 月北京第 1 次印刷

开本：710 毫米 ×1000 毫米 1/16 印张：19

字数：220 千字

ISBN 978 - 7 - 01 - 018290 - 2 定价：69.00 元

邮购地址 100706 北京市东城区隆福寺街 99 号

人民东方图书销售中心 电话（010）65250042 65289539